基于虚拟联盟的
装备制造业与生产性服务业
融合机制研究

綦良群　王琛　王成东 ◎ 著

中国财经出版传媒集团

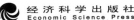

经济科学出版社
Economic Science Press

图书在版编目（CIP）数据

基于虚拟联盟的装备制造业与生产性服务业融合机制
研究/綦良群，王琛，王成东著 . -- 北京：经济科学
出版社，2022. 11

ISBN 978 - 7 - 5218 - 4251 - 7

Ⅰ.①基…　Ⅱ.①綦…②王…③王…　Ⅲ.①装备制
造业 - 产业发展 - 研究 - 中国②生产服务 - 服务业 - 产业
发展 - 研究 - 中国　Ⅳ.①F426.4②F726.9

中国版本图书馆 CIP 数据核字（2022）第 214951 号

责任编辑：崔新艳　梁含依
责任校对：杨　海
责任印制：范　艳

基于虚拟联盟的装备制造业与生产性服务业融合机制研究

綦良群　王　琛　王成东　著

经济科学出版社出版、发行　新华书店经销

社址：北京市海淀区阜成路甲 28 号　邮编：100142

经管中心电话：010 - 88191335　发行部电话：010 - 88191522

网址：www. esp. com. cn

电子邮箱：espcxy@ 126. com

天猫网店：经济科学出版社旗舰店

网址：http: // jjkxcbs. tmall. com

北京季蜂印刷有限公司印装

710 × 1000　16 开　12. 75 印张　210000 字

2022 年 12 月第 1 版　2022 年 12 月第 1 次印刷

ISBN 978 - 7 - 5218 - 4251 - 7　定价：65. 00 元

（图书出现印装问题，本社负责调换。电话：010 - 88191510）

（版权所有　侵权必究　打击盗版　举报热线：010 - 88191661

QQ：2242791300　营销中心电话：010 - 88191537

电子邮箱：dbts@ esp. com. cn）

本书受国家自然科学基金面上项目"全球价值链背景下我国装备制造业与生产性服务业融合机理及实现路径研究"（批准号：71373061）资助。

本书受到国家社会科学基金一般项目"全球价值链下中国高端装备制造业服务化升级机理、实现路径与保障政策研究"（批准号：18BJY102）资助。

前 言

　　装备制造业是制造业的核心组成部分，是为国防建设和国民经济提供生产技术装备的基础行业。通过建立装备制造业与生产性服务业虚拟联盟，不仅能够减少资源的浪费，还能借助彼此的核心能力创造新的机会，快速实现装备制造业与生产性服务业融合。因此，建立虚拟联盟成为实现装备制造业与生产性服务业融合的有效途径，研究基于虚拟联盟的装备制造业与生产性服务业融合机制，对提升我国装备制造业竞争力、促进产业升级、扭转我国装备制造业在全球价值链上的位置、促进生产性服务业规模性发展、加快两个产业的融合具有重要的理论意义和现实意义。

　　本书结合国家振兴装备制造业和加快现代生产性服务业，促进两个产业融合发展这一时代背景，从产业融合条件、动因、过程和效应等方面对基于虚拟联盟的装备制造业与生产性服务业融合机理进行系统揭示；基于产业融合机理研究成果及产业融合过程的实践性，采用质化研究方法对基于虚拟联盟的装备制造业与生产性服务业融合关键要素进行揭示；以基于虚拟联盟的装备制造业与生产性服务业融合关键要素为基础，对其融合机制体系进行总体设计，得到由融合动力机制、融合实现机制、融合评价反馈机制构成的产业融合机制体系。在此基础上，对基于虚拟联盟的装备制造业与生产性服务业融合机制进行系统研究。最后，从资源保障、组织保障、制度保障和文化保障等四个方面提出基于虚拟联盟的装备制造业与生产性服务业融合机制的保障策略体系。

本书由 6 章构成。第 1 章绪论主要阐述研究的背景、目的与意义，并对国内外研究现状与前沿进行追踪，进而确定具体的研究内容、方法与研究技术路线。第 2 章主要从产业融合条件、动因、过程和效应等方面对基于虚拟联盟的装备制造业与生产性服务业融合机理进行系统揭示；基于产业融合机理研究成果及产业融合过程的实践性，采用质化研究方法对基于虚拟联盟的装备制造业与生产性服务业融合关键要素进行揭示；以基于虚拟联盟的装备制造业与生产性服务业融合关键要素为基础，对其融合机制体系进行总体设计，得到由融合动力机制、融合实现机制和融合评价反馈机制等三个子机制，以及产业融合机制保障策略体系所构成的基于虚拟联盟的装备制造业与生产性服务业融合机制体系。第 3 章首先对基于虚拟联盟的产业融合动力源进行分析，进而从内生性动力和外源性动力两个方面对产业融合动力的作用机制进行研究，最终揭示基于虚拟联盟的产业融合动力传导过程并提出相应管理策略。第 4 章从融合伙伴选择、融合过程组织协调、融合利益分配和融合风险管理等方面对基于虚拟联盟的装备制造业与生产性服务业融合实现机制进行研究。第 5 章构建基于虚拟联盟的装备制造业与生产性服务业融合水平评价指标体系，运用耦合评价法对基于虚拟联盟的装备制造业与生产性服务业融合水平进行评价，在此基础上设计基于虚拟联盟的装备制造业与生产性服务业融合反馈机制模型。第 6 章从资源保障、组织保障、制度保障和文化保障四个方面提出了基于虚拟联盟的装备制造业与生产性服务业融合机制的保障策略。

　　本书通过对基于虚拟联盟的装备制造业与生产性服务业融合机理的揭示，构建基于虚拟联盟的装备制造业与生产性服务业融合机制体系框架，进一步丰富了和完善产业融合理论体系，为我国装备制造业与生产性服务业融合发展提供理论基础和依据，对加快我国装备制造业转型升级、提升装备制造业核心竞争力、实现生产性服务业又好又快的发展具有重要的现实指导价值。

CONT目 录

第1章 绪 论

1.1 研 究 背 景

装备制造业是制造业的核心组成部分，是为国防建设和国民经济提供生产技术装备的基础行业。新中国成立以来，我国的装备制造业得到了长足发展，已经形成具有一定技术水平和成规模的产业体系，但与美国、日本等强国相比还有很大的差距（綦良群等，2022）。目前在全球价值链上，我国装备制造业的总体地位偏低，规模大但竞争优势弱，存在缺乏自主创新能力、大多数产品技术水平含量低、基础制造技术落后等问题。生产性服务业是为装备制造业提供相关配套的服务业，为装备制造业提供技术、知识、人力等一系列资本和服务，贯穿于装备制造业企业生产诸多价值环节，在知识经济和全球化条件下，发展生产性服务业是推进装备制造业结构调整和优化的最优路径选择。工业和信息化部印发了《中国制造2025》，提出要以加快新一代信息技术与制造业融合为主线，以满足经济社会发展和国防建设对重大技术装备的需求。在全球价值链的背景下，国际产业不断转移和再分工，中国装备制造业只有实现与生产性服务业的融合发展，才能逐步缩小与发达国家的差距，改变我国在全球价值链上位置偏低的处境，实现在全球价值链上的升级，从而增强我国的综合国力。

随着经济发展、科学技术应用以及全球化进程的加快，众多企业深刻地认识到合作共赢比自由竞争更有利于企业自身的发展，拓宽企业发展空间，更重要的是企业之间的竞争博弈环境转变为互利互惠的共赢环境，能够为企业长期可持续发展创造良好条件。战略联盟是实现企业合作共赢的重要手段，是一种创新型的企业组织联盟，尤其在国际经济全球化的环境下，国内外各种模式的战略联盟层出不穷，在互惠互利的基础上，联盟中各企业实现了低成本、高效率的扩张，达到了各自的发展目标。联盟作为企业发展战略，被企业越来越多地采用。

通过建立装备制造业与生产性服务业虚拟联盟，不仅能够减少产业资源的浪费与低效配置，还能借助彼此的核心能力创造新的发展机会，实现装备制造业与生产性服务业融合发展。因此，建立虚拟联盟成为实现装备制造业与生产性服务业融合的有效途径，研究基于虚拟联盟的装备制造业与生产性服务业融合机制，对提升我国装备制造业竞争力、促进产业升级、扭转我国装备制造业在全球价值链上的位置、促进生产性服务业规模性发展和加快两个产业的融合具有重要的理论意义和现实意义。

1.2　研究目的与意义

1.2.1　研究目的

本书结合国家振兴装备制造业和加快现代生产性服务业、积极促进两大产业融合发展这一时代背景，以扎根理论、战略联盟理论为理论基础，通过揭示基于虚拟联盟的装备制造业与生产性服务业融合机理，构建基于虚拟联盟的装备制造业与生产性服务业融合机制体系，深入研究基于虚拟联盟的装备制造业与生产性服务业融合动力机制、组织协调机制、评价与反馈机制和融合保障策略。通过研究达到以下目的：一是构建基于虚拟联盟的装备制造业与生产性服务业融合机制框架，丰富和完善产业虚拟联盟理论和产业融合理论；二是详细设计基于虚拟联盟的装备制造业与生产性服务业融合机制体系，指导我国装备制造业与生产性服务业的融合实践，实现装备制造业转型升级与生产性服务业的快速发展。

1.2.2　研究意义

1. 研究的理论意义

本书研究的理论意义主要体现在以下几方面：首先，通过对基于虚拟联盟的装备制造业与生产性服务业融合机理的揭示，构建基于虚拟联盟的装备制造业与生产性服务业融合机制体系框架，进一步丰富和完善产业融合理论体系，并为虚拟联盟的研究提供理论框架和依据；其次，本书在研究过程中运用归纳演绎方法、粗糙集理论、结构方程模型、演化博弈模型等多种定性和定量研究方法，形成产业融合机制研究方法体系，对机制研究中方法的使用进行系统探索，为以后的机制研究提供了理论基础和方法借鉴；最后，本书构建的基于虚拟联盟的装备制造业与生产性服务业融合机制体系以及产业融合机制的保障策略体系，为我国装备制造业与生产性服务业融合发展提供了理论基础和依据。

2. 研究现实意义

一方面，本书的研究系统揭示了基于虚拟联盟的装备制造业与生产性服务业融合机理，构建了基于虚拟联盟的装备制造业与生产性服务业融合机制体系，可以有效地指导我国装备制造业与生产性服务业融合的开展，加快产业融合进程，提升产业融合绩效；另一方面，装备制造业与生产性服务业融合发展，对加快我国装备制造业转型升级、提升装备制造业核心竞争力，实现生产性服务业又好又快发展具有重要的现实指导价值。

1.3 国内外研究现状及分析

1.3.1 装备制造业与生产性服务业融合研究现状

1. 产业融合相关研究

随着经济全球化的发展、技术创新及扩散、政府管制的放松以及消费者需求的变化，产业之间的边界正变得越来越模糊。产业融合这一思想起源于罗森堡（Rosenberg，1963）对于美国机械设备制造业演化过程的研究，斯图尔特和克兰德尔（Stuart and Crandall，1988）进一步指出产业融合的内涵及其必然趋势，尼古路庞特（Negreouponte，1978）对出现在计算机、印刷以及广播技术之间的技术交叉处进行拓展，率先用"convergence"一词描述产业融合。自此之后，学者们从不同角度对产业融合开展了广泛研究，并取得了丰富的研究成果。

目前学界之所以没有对产业融合的概念达成共识，是因为学者们在研究产业融合时所处的时期不同，研究视角也存在差异。总体而言，现有关于产业融合内涵的研究主要从技术、产品以及产业等视角展开。从技术视角来说，多数学者们认为技术融合是共性知识在不同产业之间分享和流动的过程，能够使不同产业间形成共同的技术基础。米勒和谭（Mueller and Tan，2000）认为，当这些不同产业之间的共同技术基础能够从本质上改变这一产业中产品制造或价值创造过程时，技术融合才算真正产生。另有一些学者认为技术融合是新技术替代旧技术的过程，直至改变这一产业原本的市场边界，进而形成新的竞争环境。从产品视角来说，产业融合是从产品角度出发的融合，可分为替代型融合、互补性融合以及结合性融合三种。此外，还有一些学者从创新角度出发定义产业融合，认为产业融合意味着现有价值链的解体和重构，由此产生产业边界和竞争关系的变化。

关于产业融合的类型，目前学者们研究较多的通常有三类。第一，按产品或产业的性质进行分类。格林斯坦和卡纳（Greenstein and Khanna，1997）将产业融合分为替代型融合和互补性融合。在这一分类的基础上，又可引入"供给－需求"维度，将产业融合划分为四类，即供给替代型融合、供给互补型融合、需求替代型融合以及需求互补型融合，类似地也可引入"技术－产品"等维度。第二，按产业融合的过程分类。马尔霍特拉（Malhotra，2001）在其研究中指出，按照功能融合和机构融合的角度进行划分，可将产业融合过程分为三种：一是功能和机构的高度融合，即需求方对各类融合型产品都存在需求，供给方能够提供其他产业的产品；二是高功能和低机构的融合，即供给产品之间存在替代型，但并未产生机构性的融合；三是低功能和高机构的融合，这意味着企业或产业之间能够进行跨产品的生产，但是并未出现机构性融合。第三，按照融合技术的新奇程度进行分类。哈克林（Hacklin，2005）将产业融合分为应用融合、横向融合和潜在融合。勒德瓦尔（Lundvall，1997）、植草益（2001）、周振华（2003）等也持类似观点。

随着近年来产业间的融合越来越普遍，我国学者从不同方面对产业融合问题进行了大量研究。王小波（2016）基于行业差异比较视角，测度了我国生产性服务业和制造业之间的融合发展水平，进一步提出了提高产业融合水平的相关建议。李晓钟和杨丹（2016）运用耦合评价模型测度了 2002～2013 年我国汽车产业与电子信息产业的耦合度，结果表明大量产业处于中等耦合水平，且耦合度呈上升趋势。张荣光等（2016）基于 Logistic 模型建立产业融合动态均衡模型，实证分析了 2000～2015 年四川省第一产业和第三产业之间的融合关系及影响因素，结果表明四川省第一产业和第三产业之间存在着较强的互动关系，加快第三产业的发展是促进两产业融合的重要因素。吴艳和贺正楚（2016）对新能源汽车与生产性服务业融合路径进行了推演，运用 SEM 对两产业融合因素进行了实证研究，结果表明技术融合是影响两产业融合的关键因素。傅为忠等（2017）运用 AHP - 信息熵耦联评价模型测度了我国高技术服务业与装备制造业融合度，结果显示大量产业融合发展状态良好。赵玉林和李丫丫（2017）测算了生物芯片产业技术融合宽度和深度，实证分析技术融合对于产业绩效的提升机理，结果表明技术融合度对产业绩效的提升作用明显，产业融合创新对产业绩效的作用机制随着产业发展呈倒"U"型曲线。宋怡茹等（2017）对比分析了传统产业之间、传统产业与新兴产业之间、新兴产业之间的融合方式以及价值增值核心区域的变化，发现融合后产业价值增值核心区域会发生变化，且不同融合方式之间存在明显差异。李丫丫等（2018）在研究中指出，我国交通运输业、邮政与快递业同信息产业的融合对物流绩效能够起到积极作用。李晓钟和黄蓉（2018）运用产业融合理论分析了纺织业与电子信息产业融合对于纺织业产业竞争力提升的机理，进而对两产业融合水平进行评价，结果表明两大产业耦合协调度呈逐渐上升趋势。程广斌和杨春（2019）在梳理分析产业融合影响因素的基础上，从产业融合需求拉力、供给推力及环境支撑力角度对产业融合能力进行理论解构，在此基础上构建区域产业融合能力评价指标体系。姜博等（2019）从理论和实证两个方面探讨了产业融合对中国装备制造业创新效率的影响，以及网络中心性和网络异质性对二者关系的调节作用。赵玉林和裴承晨（2019）的研究表明产业融合是技术创新驱动制造业转型升级的基本路径。还有学者从技术和市场两个维度分析了产业融合驱动力，进而基于上述两个维度揭示了产业融合范式。

2. 制造业与生产性服务业融合关系

学者们对于制造业与生产性服务业融合关系的看法各不相同，一部分学者认为二者之间存在一定意义上的主导产业，即"供给主导论"和"需求遵从论"。另一部分学者则认为，制造业与生产性服务业间的融合关系不是单纯地一方作用于另一方的结果，而是与双方产业均紧密相关，即"互动论"，并且二者在未来呈"融合型"发展趋势。赫伯特和迈克尔（Herbert and Michael，2003）认为制造业与生产性服务业彼此需要，二者之间是互相作用的互补关系。斯塔尔和贾尼丝（Stull and Janice，1990）指出，生产性服务业向制造业各环节渗透这一过程使得两产业间的界限开始变得模糊，两产业间存在着较为明显的融合趋势。申明浩和卢小芳（2016）实证研究了生产性服务业与制造业之间的互动关系，指出生产性服务业在提升制造业产业高度方面存在显著影响。刘奕等（2017）通过对生产性服务业集聚与制造业耦合过程中外部因素之间的链条联系和传导路径进行研究，发现生产性服务业的集聚能够促进制造业的发展，二者之间存在融合关系。王正新等（2017）通过研究先进制造业与生产性服务业，发现二者之间存在互动融合、互利共生的关系，并能在一个平衡点达到稳定的发展状态，为双方进一步融合发展提供条件。凌永辉等（2018）对我国先进制造业各行业与生产性服务业的关系进行了测算，结果显示二者之间的互动关系较为显著，但不同行业间存在异质性。唐晓华等（2018）对制造业与生产性服务业之间的互动发展程度进行了测算，结果表明二者之间存在着积极的互动关系。余泳泽等（2016）从区域角度切入，实证分析了制造业与生产性服务业互动融合的影响，得出一定范围内生产性服务业的集聚能对于提升制造业生产效率存在显著作用。陈晓华和刘慧（2016）在其研究中指出，生产性服务业在融入制造业生产环节时更偏好上游环节，二者间互动融合关系呈上升趋势。马千里（2019）的研究表明生产性服务业的发展能通过价值链促进制造业升级，最终实现生产性服务业与制造业的融合发展。徐建伟（2019）的研究表明我国装备制造业与现代服务业融合水平与发达国家差距较大，融合深度浅、水平低、不均衡等问题突出，成为装备制造业高质量和可持续发展的重要制约因素。郭朝先的研究指出制造业和服务业融合发展是工业化后期和从工业经济转向服务经济时代的一个普遍趋势，先进制造业和现代服务业融合发展是制造业和服务业融合发展的具体化和深化。西克、普雷希切克和莱克尔（Sick，Preschitschek and Leker，et al.，2019）认为产业融合经历了从科技融合到市场融合，再到整个产业融合的过程。

3. 装备制造业与生产性服务业互动融合机理

乌拉加和赖纳茨（Ulaga and Reinartz，2011）研究指出数据处理与分析能力、风险评估与规避能力、服务设计能力、产品-服务一体化能力和部署能力等五个关键能力是服务于产品融合的关键。林和莱波宁（Lin and Leiponen，2012）在对不同地区制造业企业与生产性服务业互动融合研究中均提到了研发效率对融合的影响。高觉民和李晓慧（2011）对制造业与生产性服务业的互动机理进行了理论与实证分析，揭示了其互动条件，同时指出制造业对生产性服务业的拉动力大于生产性服务业对制造业的支撑力，两产业均面临转型困境。贝恩思等（Baines et al.，2012）通过对服务化转型成功的制造业企业进行分析，揭示了制造业服务化模式的内部运行机理。肖挺等（2014）对 84 家企业进行研究，总结出人力资本、信息技术和顾客关系影响企业的服务创新绩效。李慧（2015）研究指出两产业融合认知、制度因素以企业技术创新能力不制约装备制造业与生产性服务业的融合发展。楚明钦（2016）认为装备制造业与生产性服务业互动融合的动因包括技术进步、规制放松、价值链的可分性和相关需求。綦良群等（2016）构建了装备制造业与生产性服务业互动融合系统，揭示了互动融合系统的目标及功能，同时分析了融合系统的运行过程及影响因素，指出系统运行过程包括相对独立阶段、技术融合阶段、产品融合阶段、市场融合阶段和新型产业模式形成阶段，影响因素包括融合能力因素和融合环境因素。桂黄宝等（2017）对河南省装备制造业与生产性服务业的互动融合发展进行深入分析，构建了河南省装备制造业与生产性服务业发展影响因素的理论模型，运用问卷调查和因子分析方法进行实证研究，结果表明政府政策、产品研发水平、企业创新能力以及竞争力等因素影响河南省装备制造业与生产性服务业的融合发展。綦良群等（2017）实证六项互动融合动力，结果显示市场环境、政策推动、技术发展推动、收益动力、决策支撑和技术差异影响均呈正向作用，但效果依次递减。苏娜和刘东（2018）以某铝板经销商为例从企业层面研究了生产性服务业企业与制造业企业互动的机理，揭示其互动过程，设计通过跨人力资源的边界管理和超市场契约发展路径。王晓晓和杨丽（2019）研究了生产性创意服务与制造业融合的产业升级效应，其研究表明产业融合能够有效促进制造业升级，成本和创新在这一过程中的中介效应显著。高智和鲁志国的研究表明与高技术服务业融合发展对装备制造业创新效率的提升具有显著作用，并且这种提升作用在空间上主要通过直接效应表现出来。綦良群和高文鞠将区域装备制造业与生产性服务业融合因素引入装备制造业绩效评价体系之中，揭示综合装备制造业市场结构水平、市场化水平和市场开放水平三个维度的产业特征因素对产业融合与产业绩效关系的调节机理。还有研究者以汽车制造业为例对产业融合机理进行揭示，其研究表明市场需求和创新是装备制造业与其他产业融合的主要动因，并形成新的技术范式，导致产业结构的重构（Choi，Lee and Sawng，2019）。

4. 装备制造业与生产性服务业互动融合机制

顾乃华等（2006）总结了制造业与生产性服务业关系的四个阶段，即需求遵从、供给主导、互动和融合发展阶段，基于此研究生产性服务业中间投入对装备制造业生产效率影响机制。唐海燕（2012）指出我国生产性服务业的创新发展要以制造业与生产性服务业互动融合机制为基础，并提出业态创新、模式创新、产品创新、政策支持体系等发展思路。卡斯塔利和卢伊（Kastalli and Looy，2013）研究认为创新融合模式是促进生产性服务业与装备制造业有效融合以及提升装备制造业企业绩效的途径。有学者研究两产业互动融合促进企业绩效的机制。王春芝等（2016）揭示了服务型装备制造业的价值生成机制并指出我国装备制造业服务转型路径。部分学者分析了制造服务系统的价值生成机制（李靖华，2017；令狐克睿和简兆权 2018；Rawlins，Lange and Fraser，2018）。

1.3.2　虚拟企业的相关研究

1. 虚拟企业的组织结构及模式管理

企业是一个开放的、复杂的非线性系统，无论企业的经营方针、产品与市场关系，还是组织结构、管理制度都不应被看作一成不变的固定模式。尤其是面对信息时代动态、多变的环境，虚拟企业组织作为企业发展的新模式同样需要创造性地改进组织结构和管理模式，才能推动企业发展。如赵伟提出了集中式分布和网状对等实体式分布两种组织结构。集中式分布组织结构是由多个智能主体进行信息交换，协调处理各层次的全程信息库。与网状对等实体分布式组织结构的不同点在于，前者是特定层次对应特点主体，后者的对应关系较为多样，可以有一对一、一对多、多对一等不同访问形式。从根本上看整个虚拟企业是由核心层（还可称之为战略层）与外围层（还可称之为执行层）构成的两层结构化组织模式，细分组织结构可划分为联邦模式（Federation Mode）、星形模式（Star-Like Mode）和平行模式（Parallel Mode）三种。贾旭东等在星型模式的基础上建立了一个具有普遍适用性的虚拟企业组织模型，清楚地表示了虚拟企业组织中管理者与各合作伙伴之间基于契约的合作关系。从知识经济时代发展到互联网经济时代，国内学者对于虚拟企业组织的研究大多集中在科技型的企业组织、如何最大化利用外部资源、形成核心竞争力等方面。宋丽丽（2018）通过企业合作关系构建虚拟企业联盟网络结构，运用社会网络分析中的网络密度、中心性、凝聚子群以及结构洞和中间人等特征指标，将抽象的信息共享分析体系具体地表现出来并进行量化，用以分析虚拟企业联盟信息共享状况。贾旭东（2019）运用经典扎根理论方法，以 7 家企业为案例进行研究，总结出了虚拟企业的共同特征并据此重新界定了虚拟企业的概念，构建了一个供应链视角下的虚拟企业模型。

2. 虚拟企业的组织运营

虚拟企业作为 21 世纪一种新型企业经营组织模式，它的有效运作必须建立在强大而完备的信息网络基础之上。在运营过程方面主要涉及组织设计、知识共享、组织学习等机制研究。尚珊等（2012）提出了由高层组织管理、下设项目主管和项目小组的有效运营模式。其中高层组织由核心企业及其合作伙伴中的优秀团队构成，而项目主管与小组的构成情况则是根据高层组织的需要，由其他伙伴企业以多种方式参与企业运作。姜文（2011）提出在虚拟企业组织的运营过程中知识差的引发、利益的驱动和环境的激励是三个必不可少的因素。在这一知识共享的过程中，后置位因素对前置位因素产生影响，前置位因素依赖后置位因素发挥作用，即虚拟企业组织中的各合作对象在后置位环境激励因素的作用下，参与运营过程，或者由于自身利益的驱使，认为知识共享有利可图而进行利用和反馈。虚拟企业组织作为知识共享的主体在组织运营过程中不仅使知识共享对象不断获取新的知识，也促使共享对象间的知识资源开始流动，引发知识共享对象中知识差的前置作用。张保仓（2017）提出虚拟企业组织的运营过程就是一个不断更新的闭环过程，企业组织之间合作、交换更新知识和信息的同时，产生新的思想和理念。同时，因为虚拟企业组织的"知识库"在不同阶段均处于不断更新的状态，运营过程中与知识库具有双向作用关系，因此虚拟企业组织为了保持可持续竞争优势，在不同环境下通过时间的不断积累，利用已有的知识资源创造新的知识资源，努力重塑企业经验计划或进行自身调整以适应不断变化的内外环境。张天瑞等（2019）考虑产品市场生命周期各阶段企业目标变化，构建了考虑产品引入期、成长期、成熟期、衰退期不同需求的虚拟企业合作伙伴选择评价指标体系与评价模型。赵金辉等（2019）针对虚拟企业建立过程中的合作伙伴选择问题，以合作需求为驱动，将粗糙数理论与可拓评价相结合，建立合作伙伴选择的粗糙可拓评价方法。

3. 虚拟企业组织的效用评价

目前虚拟企业组织的发展日趋成熟，但是运营虚拟企业组织的失败率却不断增高，究其原因主要是缺乏科学的效用评价机制。有学者通过设置合理的评价对象和评价指标进行科学的效用评价，可以随时掌握虚拟企业组织的整体效用，及时发现虚拟企业组织运营过程中的问题，进而更好地制定经营计划，充分发挥各方面资源优势，取得最佳经济效益（Ying and Zhi，2010）。国内学者对于虚拟企业组织的评价基本集中在与传统企业的效用对比方面，围绕有效性、可靠性和系统性展开研究。袁华等（2016）认为虚拟企业的组织结构形式不同于传统实体企业，它不具备系统的指挥控制层级链以及完整的职能部门，取而代之的是水平管理模式及扁平化的组织结构，虚拟企业组织从静态上看是一个较大规模的复杂系统，具有整体性、结构功能性、层次序列性、分形结构性；从动态上看是非线性的开放系统，具有非平衡性和自组织性。辛馨（2016）、马静宇（2016）指出虚拟企业组织具有极大的临时性和动态性，要保证企业的生产效率，建立一种长期稳定的合作模式，发展健康的战略联盟关系，就需要进一步挖掘企业组织的效率，利用当前的智能技术改善企业组织的业务流程、运营机制等。衡量等（2018）以企业社会责任的视角，整合其社会层、组织层、个体层要素在不同发展阶段对虚拟经营战略的影响作用，以个体层要素为核心，融合社会层与组织层影响因素的主从关系，作用于企业各虚拟经营阶段的战略，构建出形象刻画该过程的理论模型及其影响因素的关系模型，进而运用空间向量的数学思想，构建了表征社会责任影响虚拟经营战略机理与路径的函数表达式。衡量等（2019）以三家典型企业为样本，采用中国管理扎根研究范式，发现了虚拟企业战略演进的两个过程：在市场环境影响下，领导者认知满足利益相关者的生存需求，形成虚拟企业初级阶段的战略；领导者认知满足利益相关者的成长需求，并积极响应市场环境，形成虚拟企业成熟阶段的战略。

4. 虚拟企业组织的应用及创新

虚拟企业组织的理论研究是建立在实际应用的基础上不断发展的。在航空制造、经济、房地产领域的组织绩效提高、组织管理、资源配置变更等方面均运用了虚拟企业组织的相关知识体系，此外也为我国企业组织创新和知识创新提供了启示。与传统企业组织职位人员众多、组织结构复杂的经营模式不同，虚拟企业组织顺应当前趋势消减了组织层次，逐步构建精简、高效的管理组织。曲靖野等（2015）将我国虚拟企业组织的发展理论创新扩展到信息系统领域，以提高虚拟企业组织在动态联盟过程中的应变能力为目的，将虚拟企业组织的生产、营销和管理虚拟化，在精简结构的基础上实现跨组织或跨业联盟的高效、低风险组织经营。赵艳萍（2015）指出利用虚拟企业组织构造虚拟经营概念模型，以概念模型为导向引导组织虚拟化和利用外部资源，对组建虚拟企业并提高虚拟企业的驱动力具有重要作用。张保仓（2018）通过分析虚拟组织知识共享、共同理解、关系记忆、吸收能力对提升持续创新能力的影响机理，构建了虚拟组织持续创新能力提升机理模型，并选取 261 家企业作为样本进行了实证研究。毛凌翔（2018）研究了依据客户需求而临时组建并经营的虚拟企业中的信息资源交互机制，运用进化博弈论方法对虚拟企业成员间的信息资源交互的合作方式、合作收益进行分析，针对互联网经济下虚拟企业的知识管理与应用，研究了互联网经济下的虚拟企业信息资源保障机制。

1.3.3　产业联盟的相关研究

产业联盟（industry alliance）是 20 世纪中期以来产业界兴起的重要组织创新形式，一直被视为提高资源配置效率、消除市场壁垒和扩充市场规模、获得产品竞争优势的有效途径之一。

1. 产业联盟的形成机制及路径方面

形成技术联盟的动机是复杂的，组建技术联盟更多是为了学习，通过联盟的方式接近和获得合作者关键的信息、技术诀窍和能力。战略技术联盟的动机也会因为不同部门和产业生命周期所处的不同阶段或技术轨迹不同而不同。

国内学者从不同角度给出了不同观点。杨伟等（2015）经过归纳整理认为产业联盟的生成机制主要有三类，分别是内因型产业联盟、外因型产业联盟和高新技术产业联盟。内因型产业联盟的动力是创新与共享，以及企业的合作意愿；外因型产业联盟主要是由于外部的压力，企业家积极的应对意识和行为；高新技术产业联盟主要依托政府力量和当地的研发力量，发展高新技术产业，企业与机构在一定的地域内形成结构完整、外围支持产业体系健全、充满创新活力的有机体系。王思梦等（2017）指出，产业联盟的形成动因可归纳为三个方面：经济动因、技术动因和市场动因。经济动因主要是分摊成本，共担风险，实现创新规模经济，同时避免恶性竞争，提高市场效益；技术动因包括解除和获取新技术、促进技术标准建立、共享技术资源、优势互补；市场动因包括促进新产品进入新市场，争取、保持竞争优势，避开市场壁垒，实现国际化市场战略。武建龙等（2017）对产业联盟创新生态系统的演进路径和演进动力进行研究，研究表明：产业联盟创新生态系统演进路径分为代际演进路径和代内演进路径，代际演进的动力来源于突破性创新驱动力、隐性需求拉动力、创新供给及环境侧政策引导力的综合作用；而代内演进的动力为渐进性创新驱动力、显性需求拉动力、创新需求及环境侧政策引导力。马辉等（2018）基于社会网络分析模型对产业联盟协同创新关键影响因素与关联机理进行研究，表明产业集聚、创新资源投入、知识共享、知识产权、技术进步、知识转移是关键影响因素，这些影响因素通过不同的方式作用于其他因素，最终影响产业联盟协同创新。李玥等（2018）在揭示企业技术创新与知识整合耦合关系的基础上，构建二者耦合模型，进而从知识整合视角重点设计基于供应链、产业联盟和创新平台的技术创新能力提升路径。

2. 产业联盟伙伴选择及利益分配方面

吴松强等（2018）进一步基于战略联盟理论和社会网络理论，利用对 208 家高新技术企业的问卷数据进行了实证研究，发现对于高新技术企业来说，联盟伙伴关系与联盟绩效之间同样呈正相关关系。赵超和王铁男（2019）研究了制造业行业中伙伴年龄的非对称性对联盟价值的影响，发现伙伴年龄的差距对于联盟价值的影响存在异质性，对于成熟的企业来说，年龄非对称性的伙伴价值更高，然而对于新生企业来说，年龄差距小的企业是更好的选择，特别是当新生企业规模较大、研发能力较强时，与同龄伙伴进行联盟能获得的价值更高。邓渝（2019）发现企业在联盟条件下能够通过有效的资源整合实现突破性创新，但这一作用机制的实现受联盟伙伴竞争的制约，所以从竞争性嵌入与资源管理角度来看，联盟初期企业应注意与联盟伙伴之间保持低竞争程度，加强联盟伙伴之间的关系维护，提高彼此的信任水平。张裕稳等（2018）基于行为视角研究联盟合作伙伴选择问题，通过将灰靶决策与前景理论相结合，构建了以整体匹配效益最大化为目标的联盟伙伴选择模型。王大澳等（2019）聚焦于协同创新联盟的利益分配问题，考虑到联盟中各企业的合作能力为灰色信息以及企业之间不完整的依赖关系，将 Choquet 积分与 Shapley 模型结合建立限制合作博弈模型，并证实了模型的有效性。李林蔚（2019）基于资源基础理论和交易成本经济学，通过对联盟企业的调研数据发现，随着联盟企业之间合作程度的加深，双方对互补资源的协同利用程度也会进一步提高。

3. 产业联盟运行管理方面

解学梅、孙科杰（2018）对产业技术创新战略联盟多维合作机制与联盟绩效和企业绩效关系的影响机理进行探究。研究结果表明，良好的联盟运行机制、激励机制、控制机制及整合机制均与联盟绩效和企业绩效呈正相关关系，并且联盟绩效在合作机制与企业绩效关系中存在显著的中介效应。乔玉婷等（2019）从基础类、核心类和保障类三个层面提出产业技术联盟的运行机制，在此基础上从互惠共生机理、创新协同机理、学习试错机理以及网络突变机理四方面进一步分析了产业技术联盟的作用机理。庞博和邵云飞（2018）从知识管理的视角，探讨联盟经验对联盟组合管理能力的影响，发现联盟经验及其深度、广度皆与联盟组合管理能力呈正相关关系。段云龙等（2019）针对近年来产业技术创新战略联盟低稳定性、低效率等问题，基于管理协同理论，从资源协同、知识协同、关系协同以及创新协同四方面分析联盟稳定性，并提出了改进措施。车密和原长弘（2018）将联盟管理和我国转型发展这一情境结合起来，从理论上将联盟管理划分为联盟组合伙伴设计、有效联盟组合构建和有效联盟组合管控三个阶段，从理论上拓展了联盟管理相关研究。

4. 基于联盟的产业融合研究现状

颜醒华和李勇泉（2004）基于战略联盟的方式研究了农业与旅游业高层次的融合与良性互动。刘卓聪和刘蕲冈（2012）围绕先进制造业与现代服务业融合问题进行研究，指出其融合的必然性以及战略联盟的融合发展对策。龚雪（2014）基于供应链战略联盟，研究零售业与农业的融合形式及制造业与零售业的融合形式。李仁方从区域联盟的视角对产业融合问题进行研究，指出未来太平洋联盟呈现出从市场共享逐步向跨国产业融合延伸发展的新趋势。蒋庆来等通过分析产业联盟的产业链、创新链、资金链的构成及互动机制，构建了围绕产业链部署创新链，围绕创新链完善资金链、实现"三链融合"发展研究的分析框架。高杰和丁云龙从联盟视角对军民产业融合问题进行了研究，其研究表明中国军民融合产业联盟具有较强的资产专用性、不确定性与交易频率，同时军民融合产业联盟还存在组织"合法性"危机与"合理性"发展需求的冲突，需进一步拓展规则与制度空间，进而实现军民融合产业联盟在新生境下的多元主体互利共生。

1. 3. 4　国内外研究现状评述

综上所述，国内外学者在制造业与生产性服务业融合、装备制造业与生产性服务业融合以及装备制造业服务化等研究领域展开了大量的研究，也已取得许多具有重要意义的成果，但是基于虚拟联盟的装备制造业与生产性服务业融合研究尚属开创研究阶段，因此需要对其融合机理、融合机制及具体路径展开系统研究。

装备制造业是我国的战略产业，是整个工业的核心和基础，但是我国装备制造业在全球价值链中仍处于低端位置。现有研究成果如装备制造业服务化模式、服务化影响因素，以及制造业与生产性服务业互动融合的动因、条件、过程、模式、策略和影响因素揭示出两大产业之间相互依赖、紧密联系的关系，也指出两大产业互动融合发展的必然趋势。

通过对国内外学者们研究成果的梳理可以发现，当前学者们对于产业融合相关问题的研究涉及范围较广，已经取得了较为丰硕的成果，但由于研究时期以及视角的不同，产业融合的内涵及分类并未达成一致。对于装备制造业与生产性服务业融合关系的研究，学者基本达成一致，即两产业间是存在互动关系的，且融合发展是其趋势。在装备制造业与生产性服务业互动融合机理及机制方面，更多研究聚焦于装备制造业与生产性服务业互动融合影响因素以及融合对企业绩效、产业升级和价值链攀升的作用机制上，而对于两产业融合内在发展机制的研究较为薄弱。

目前，国内外对于虚拟联盟的相关研究尚处于起步阶段，主要有动态联盟以及虚拟产业两大研究方向，学者们对于虚拟联盟内涵的理解也有所不同，但大多学者认为虚拟联盟的出现避免了传统地域的锁定，是产业实体与虚拟企业的一种有效结合，并主要针对虚拟联盟的运行及治理过程进行了研究，对虚拟联盟的信息共享障碍、信任机制的构建以及伙伴选择等方面进行了研究。

装备制造业与一般传统制造业在产品特征、生产特征以及创新过程等许多方面存在较大差异，导致装备制造业对高端生产性服务业的需求要高于一般传统制造业。加之装备制造业的知识和技术密集性的特点决定了在复杂多变的技术和市场环境下，装备制造业需要在全球范围内整合资源，降低生产成本，提高生产效率，因此，装备制造业与生产性服务业的融合越来越体现出虚拟联盟的特征。基于虚拟联盟的装备制造业与生产性服务业融合的相关研究尚未引起国内外学者的广泛关注，对其融合机理、运行机制及具体模式等方面还有待进行深入的研究。

总之，基于虚拟联盟的装备制造业与生产性服务业融合机制进行系统研究，一方面顺应了我国由"装备大国"向"装备强国"转变的时代要求，将成为我国装备制造业价值链攀升和产业升级的助推器，对我国生产性服务业的发展也具有重要的推动作用；另一方面，相关研究对完善产业融合发展理论体系也具有积极意义。

1.4 研究的内容与方法

1.4.1 研究的内容

本书结合国家振兴装备制造业和加快现代生产性服务业、促进两个产业融合发展这一时代背景，通过揭示基于虚拟联盟的装备制造业与生产性服务业融合机理，构建基于虚拟联盟的装备制造业与生产性服务业融合机制体系，进而深入研究基于虚拟联盟的装备制造业与生产性服务业融合机制，具体研究内容如下。

1. 基于虚拟联盟的装备制造业与生产性服务业融合机理揭示及融合机制体系总体设计

对装备制造业、生产性服务业、虚拟联盟、产业融合机制及基于虚拟联盟的装备制造业与生产性服务业融合机制等相关概念进行内涵界定与特征分析；基于扎根理论对基于虚拟联盟的装备制造业与生产性服务业融合机理进行揭示；以产业融合机理主范畴为基础，从融合机制体系构建依据与原则、融合机制体系总体设计、融合机制关系分析和融合机制体系构建等方面对基于虚拟联盟的装备制造业与生产性服务业融合机制体系进行设计。

2. 基于虚拟联盟的装备制造业与生产性服务业融合动力机制

分析基于虚拟联盟的装备制造业与生产性服务业融合动力源，构建融合动力模型并运用结构方程模型对融合动力模型进行假设检验，揭示基于虚拟联盟的装备制造业与生产性服务业融合内生性动力作用机制及外源性动力作用机制。内生性动力作用机制包括资源互补的驱动作用、风险分担的推动作用、利益共享的带动作用；外生性动力作用机制包括政策推动力的驱动作用、市场竞争力的扩张作用、市场需求力的拓展作用及科技进步力的支撑作用。在此基础上，设计基于虚拟联盟的装备制造业与生产性服务业融合的动力管理，包括动力持续、动力增强和动力协同。

3. 基于虚拟联盟的装备制造业与生产性服务业融合实现机制

结合基于虚拟联盟的装备制造业与生产性服务业融合动力机制，分析融合伙伴选择的原则和流程，构建融合伙伴选择的指标体系和选择方法模型，进而设计融合伙伴绩效评价与动态控制体系；分析基于虚拟联盟的装备制造业与生产性服务业融合过程的组织协调，通过虚拟联盟的战略协调、组织模式选择及时有效的沟通协调组织协调产业融合过程；分析虚拟联盟各主体的利益分配原则，通过多种利益分配方法的介绍和比较，建立基于虚拟联盟的装备制造业与生产性服务业融合利益分配模型；从风险因素识别与分析、风险评价和风险管理等方面构建基于虚拟联盟的装备制造业与生产性服务业融合风险管理机制。

4. 基于虚拟联盟的装备制造业与生产性服务业融合效应评价及反馈机制

提出了基于虚拟联盟的装备制造业与生产性服务业融合效应评价指标选取的原则，并运用耦合评价模型对基于虚拟联盟的装备制造业与生产性服务业融合水平进行评价。

5. 基于虚拟联盟的装备制造业与生产性服务业融合机制保障策略

分析设计基于虚拟联盟的装备制造业与生产性服务业融合机制保障策略体系，一是从人才资源、资金资源、信息资源和技术资源四个角度提出基于虚拟联盟的装备制造业与生产性服务业融合机制的资源保障策略；二是从培育产业组织生态、优化产业组织结构和增强产业组织协调三个角度提出基于虚拟联盟的装备制造业与生产性服务业融合机制的组织保障策略；三是从联盟规则、政府政策和企业规章三个角度提出基于虚拟联盟的装备制造业与生产性服务业融合机制的制度保障策略；四是从企业文化、联盟文化和融合文化三个角度提出基于虚拟联盟的装备制造业与生产性服务业融合机制的文化保障策略。

1.4.2 研究方法

本书综合运用多种研究方法对基于虚拟联盟的装备制造业与生产性服务业融合机制进行系统研究，所用具体研究方法如下。

（1）基于虚拟联盟的装备制造业与生产性服务业融合机制体系总体设

计的研究方法。采用文献法和下定义等方法对相关概念进行界定和内涵分析；基于扎根理论，运用归纳演绎方法对基于虚拟联盟的装备制造业与生产性服务业融合机理进行揭示，确定产业融合关键要素；基于系统论设计产业融合机制框架体系，并揭示各融合机制间的关系。

（2）基于虚拟联盟的装备制造业与生产性服务业融合动力机制研究方法。通过竞争优势理论、消费需求理论、"经济人"假设理论分析基于虚拟联盟的装备制造业与生产性服务业融合动力源；运用 SEM 模型对融合动力源进行假设检验；基于系统理论区分内生性动力机制和外源性动力机制并探究各动力的作用，基于静力学、协同学理论设计基于虚拟联盟的装备制造业与生产性服务业融合的动力管理，包括动力持续、动力增强和动力协同。

（3）基于虚拟联盟的装备制造业与生产性服务业融合实现机制研究方法。运用系统论和流程管理理论设计产业融合伙伴选择原则与流程，运用系统论构建融合伙伴评价体系，通过 ANP 和 FVIKOR 的有机结合解决产业融合伙伴的选择问题；通过战略管理理论和沟通协调理论对产业融合过程的组织协调进行研究；借鉴 Shapley 值法、Nash 谈判模型、综合集成法等收益分配方法，对产业融合利益分配机制进行研究，进而构建产业融合利益分配模型；运用系统论、建模方法、德尔菲法和层次分析法等对产业融合风险管理机制进行研究。

（4）运用耦合评价模型对基于虚拟联盟的装备制造业与生产性服务业融合水平进行评价；运用 DEA-Malmquist 指数模型对基于虚拟联盟的装备制造业与生产性服务业正向融合效率和负向融合效率分别进行评价。同时基于反馈控制理论和循环累积因果论设计基于虚拟联盟的装备制造业与生产性服务业融合反馈机制，设计基于虚拟联盟的装备制造业与生产性服务业融合反馈机制模型，从而揭示反馈机制对虚拟联盟内装备制造业与生产性服务业融合的反馈路径。

（5）综合运用资源基础理论、政策理论、制度理论、控制论等理论及其方法，分析基于虚拟联盟的装备制造业与生产性服务业融合机制的保障策略体系。

1.4.3 研究的技术路线

本书的技术路线如图 1-1 所示。

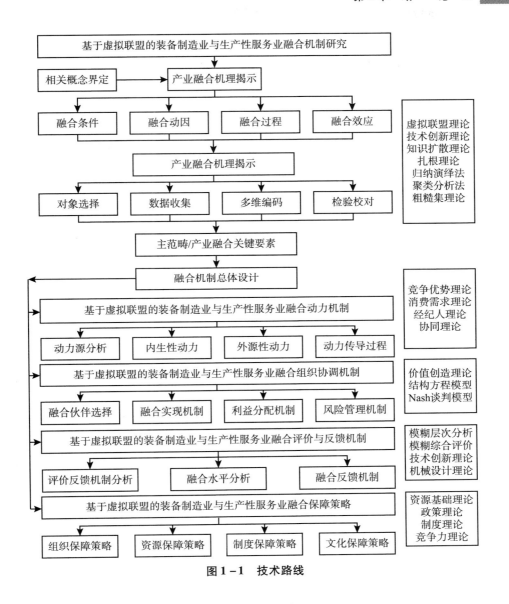

图 1-1　技术路线

第2章 基于虚拟联盟的装备制造业与生产性服务业融合机理揭示和融合机制体系总体设计

揭示基于虚拟联盟的装备制造业与生产性服务业融合机理，确定基于虚拟联盟的产业融合关键要素是设计两大产业融合机制的基础。基于此，本章在对相关概念进行界定的基础上，对基于虚拟联盟的装备制造业与生产性服务业融合机理进行揭示，进而基于质化研究方法揭示产业融合关键要素，并对基于虚拟联盟的两大产业融合机制进行总体设计，为产业融合机制的详细设计奠定基础。

2.1 相关概念界定

2.1.1 装备制造业

1. 装备制造业的内涵

装备制造业作为制造业的核心，肩负着为国民经济各部门进行简单再生产及扩大再生产所需要的各种技术装备的任务。根据由中华人民共和国国家质量监督检验检疫总局和中国国家标准化管理委员会发布的《国民经济行业分类》（2017 年 10 月 1 日正式实施），装备制造业包括 C33 ~ C40，共计 8 大类、66 个中类。

2. 装备制造业的特征

装备制造业具有如下特征：

（1）战略地位突出。装备制造业不仅自身体量巨大，而且具有技术及资本密集的特点，可以通过为其他各行业提供技术装备，带动关联产业的发展与升级，是国民经济的基础及重要组成部分。此外，装备制造业还关系到国家安全及其国际竞争力的提升。因此，装备制造业在经济体系中占据十分突出的战略地位。

（2）产业关联度高。产业关联是指产业之间通过产品或服务投入产出关系而形成的相互关联、相互依存的内在联系。装备制造业是为其他各行业提供技术装备和重要零部件的产业，并且其自身发展也需要大量关联配套产业提供支持，如生产性服务业等，因此与其他行业相比，装备制造业产业关联度高，带动效应明显。

（3）价值链模块化。由于装备制造业的产品一般具有可分解性，其产品生产一般不是由一个企业独立完成，而是由不同企业分别生产不同模块或零部件，进而进行最终组装。因此装备制造业价值链可以分解为若干个模块，且这些模块化的价值链片段可以遍布全球各地，由不同国家的不同企业分别实现。

（4）生产者驱动转向市场驱动。传统的装备制造业是由生产者驱动的，大批量流水线式的生产模式使得消费者对于所购买的装备产品无法提出自己的要求，可供选择的产品种类也比较少。而在消费者需求的引导下，装备制造业的生产模式由生产者驱动型转变为市场驱动型，装备制造业也开始基于顾客需求为其量身定做装备制造产品。

2.1.2　生产性服务业

1. 生产性服务业的内涵

对生产性服务业的内涵尚无统一的界定，依据相关学者的研究成果，普遍认为生产性服务业是一种"为中间消费者提供中间投入，用以满足其他产业中间需求而非最终需求，并且具有专业化程度高、技术知识密集等特点的服务业"。鉴于生产性服务业在国民经济体系中的重要作用，政府等主体也对生产性服务业的内涵及分类进行了界定和划分。根据《国务院关于加快发展生产性服务业促进产业结构调整升级的指导意见》和《国务院关于印发服务业发展"十二五"规划的通知》的要求，为界定生产性服务业范围，建立各地区、各部门生产性服务统计调查监测体系，国家统计局以

《国民经济行业分类》为基础，对生产性服务业的内涵进行界定，指出生产性服务业是为生产活动提供服务的服务业，并在此基础上将其划分为研发设计与其他技术服务，货物运输、仓储和邮政快递服务，信息服务，金融服务，节能与环保服务，生产性租赁服务，商务服务，人力资源管理与培训服务，批发经纪代理服务，生产性支持服务 10 大类、34 个中类和 135 个小类。

2. 生产性服务业的特征

生产性服务业一般具有以下特征。

（1）技术知识含量高。相比其他服务业而言，生产性服务业所提供的研发、金融、营销、管理等服务蕴含大量技术知识，在生产性服务业向其他产业提供中间投入的过程中，将大量的技术知识进行传递并植入产品之中，以提升相应产品的技术知识附加值，因而生产性服务业多占据价值链两端的高附加值部分。

（2）空间集聚特征。为了更好地服务装备制造业，生产性服务业呈现出明显的空间集聚特征，主要集中在装备制造业企业周边或核心城市，这样一方面可以凭借地理邻近的优势，为相邻的装备制造业提供生产性服务；另一方面大量生产性服务业主要在全球范围内的中心城市集聚，但其所提供的生产性服务所覆盖的范围从周边不断扩散至全国甚至全球。

（3）较强的产业关联性。生产性服务业是为装备制造业提供中间投入的产业，装备制造业的需求为生产性服务业提供了生存空间。生产性服务的提供可以平滑、拓展及延伸装备制造业的价值链，不断增加装备制造业生产过程的迂回度，提高产业的专业化程度，从而促进装备制造业价值链覆盖的深度、长度和宽度。

（4）中间投入特征。生产性服务业并不直接面向个体消费者，而是为装备制造业等其他产业提供中间投入的产业，通过不断提高生产性服务业中间投入服务的多样性、强度以及服务质量，可使其所服务的装备制造业生产出更具竞争力、质量更好的产品。因此，生产性服务业的发展可以推动装备制造业更快更好地发展。

2.1.3　装备制造业与生产性服务业融合

装备制造业与生产性服务业的融合可以从中观产业层面和微观企业层面

两个维度进行内涵界定。产业层面的装备制造业与生产性服务业融合是指具有紧密产业关联的装备制造业与生产性服务业打破原有产业界限而相互介入、相互渗透，并逐步催生新的产业联合体的现象。从企业层面来看，产业融合则是来源于装备制造业与生产性服务业的关联企业在市场竞争推动、市场需求拉动和技术创新驱动等因素的综合作用下，通过企业间的资源整合和全方位合作，打破企业壁垒，实现装备制造业与生产性服务业间企业资源整合与全方位合作，进而形成企业联合体的一种新型合作形式的宏观表现。

从装备制造业与生产性服务业产业融合的内涵可以看出，装备制造业与生产性服务业的融合具有如下特征。

首先，装备制造业与生产性服务业产业融合发生在不同产业之间，即融合的主体必须是相互独立的产业。虽然部分学者认为装备制造业与生产性服务业的产业融合可以发生在同一产业的不同细分行业中，甚至还有部分学者认为同一行业内的企业如果在产业融合过程中表现出不同的产业特征，也可认为是产业融合。基于本书的研究主题、研究目的和主要内容，本书认为装备制造业与生产性服务业产业融合发生在不同产业之间。

其次，装备制造业与生产性服务业产业融合是不同行业内企业建立关系型联合体在产业层面的外在表现，是装备制造业与生产性服务业企业间相互介入、相互渗透的"内部化"动态过程，该过程受装备制造业与生产性服务业企业因素、产业因素和环境因素等多维因素的共同影响。

最后，装备制造业与生产性服务业产业融合会打破原有的企业和产业边界，形成新的经济联合体，这种新的联合体可以是全新的企业和产业，也可以是对原有企业和产业基础上的改进，可从所有权、组织形式和产品等多个维度体现其联合体特征，但无论哪种情况都要求融合后的联合体具有基于某一视角的新特征。

2.1.4　装备制造业与生产性服务业虚拟联盟

虚拟联盟是指两个或两个以上具有共同战略利益的企业，在提升企业的竞争力、获得规模经济效益、分担风险、降低成本、克服新市场进入壁垒、满足用户融合型需求和提高企业灵活性等多重因素的单一或共同驱动下，为实现共创市场、共享利益和资源互补等战略目标，通过签署协议、缔结契约而组成的一种不涉及所有权的平等合作形式。因此，装备制造业与生产性服务业虚拟联盟具有如下典型特征。

一是虚拟联盟行为的战略性。虚拟联盟的运作状况关系到装备制造业与生产性服务业等联盟内各主体的长远和重大利益。

二是虚拟联盟组织形式的松散性。联盟内各主体通过知识产权的控制、行业法规的塑造、产品及服务标准的规范等临时性的"软约束"来协调各方关系与利益。

三是虚拟联盟主体地位的平等性。虚拟联盟因其"软约束"的特征，无论内部主体的体量、资源及能力差异有多大，其本质都是平等的虚拟联盟主体要素。

四是虚拟联盟主体间的互补性。装备制造业与生产性服务业在产业功能、投入产出关系等多个维度均具有较高的互补关系。

五是虚拟联盟主体的不确定性。虚拟联盟各主体间的联盟关系不是基于所有权等硬约束而形成的，各主体可根据具体环境和自身需求相对自由地进出虚拟联盟。

2.1.5 基于虚拟联盟的装备制造业与生产性服务业融合

在上述相关概念界定的基础上，将基于虚拟联盟的装备制造业与生产性服务业融合定义如下：基于虚拟联盟的装备制造业与生产性服务业融合是装备制造企业与生产性服务企业及其他融合主体在内外部融合动因推动下，通过联盟伙伴选择、战略协同、组织模式设计、利益分配和风险控制等过程，形成基于知识产权控制、行业法规塑造、产品及服务规范等临时性"软约束"的共同体，以提高资源互补性、客户服务能力及市场竞争力的一种新的产业融合形态。

2.2 基于虚拟联盟的产业融合机理分析

所谓机理是指系统各要素之间的结构关系和运行方式。因此产业融合机理是指产业融合系统各要素间的关联关系以及产业融合系统的发展运行方式。从产业融合机理的具体内涵来看，产业融合机理至少应包括融合系统"因何产生和发展""如何发展"和"发展结果如何"等核心运作问题，即产业融合的条件、动因、过程和效应。

2.2.1　基于虚拟联盟的产业融合条件分析

通过对基于虚拟联盟的装备制造业与生产性服务业融合内涵的分析可以看出,基于虚拟联盟的装备制造业与生产性服务业融合需要以共同的战略利益和相对宽松的产业规制环境为前提条件。

1. 紧密产业关联基础上的共同产业战略利益

共同产业战略利益是装备制造业与生产性服务业融合的首要条件。所谓共同战略利益是指装备制造业与生产性服务业在既有经济体系内,为了满足各自生存和发展需要而产生的对基于虚拟联盟的产业融合的一致性需求,这种一致性需求具有宏观的、长远的和全局性的特征。因此,在基于虚拟联盟的装备制造业与生产性服务业融合过程中,即使两大产业在局部领域或短时间内存在利益的不一致,但只要其在产业战略利益方面存在一致性,就仍具有融合的动因。

装备制造业与生产性服务业的共同产业战略利益主要源于两大产业间的紧密关联关系,表现在如下几个方面。

首先,共同产业战略利益源于两大产业所提供产品的天然互补性。装备制造业作为制造业的重要组成部分,主要出品各类有形的装备实体;生产性服务业作为服务业的重要组成部分,其产品主要是可与装备实体实现有机结合的无形生产性服务,而只有实现了有形装备实体和无形生产性服务的有机结合,才能最大限度地实现装备与服务价值的统一,因此两大产业会因其产品的天然互补性形成共同的战略利益。

其次,共同产业战略利益源于两大产业在价值链和供应链等多维度的紧密联系,从价值链的视角来看,装备制造业与生产性服务业共同构成了一条从研发设计到生产制造再到营销售后的完整产业价值链,产业的发展状况及竞争力在很大程度上取决于价值链的竞争力。因此,提升价值链整体竞争力的诉求成为装备制造业与生产性服务业共同产业战略利益的来源。

最后,随着装备制造业与生产性服务业市场的不断演进,定制化与一体化的需求成为装备制造市场需求的重要发展方向。在此背景下,装备制造业与生产性服务业只有更好满足市场上"装备＋服务"一体化的需求才能实现产业自身的发展。因此,市场上的"装备＋服务"一体化需求促成了装备制造业与生产性服务业共同产业战略利益诉求。

综上所述，装备制造业与生产性服务业的共同产业战略利益主要源于两大产业间产品的天然互补性、价值链和供应链等多维度的紧密联系和市场上"装备＋服务"的一体化需求。

2. 宽松的产业规制环境

为了规范和促进装备制造业与生产性服务业的发展，我国政府及行业协会等主体对其做出了各种直接和间接的具有法律约束力或准法律约束力的限制、约束和规范，构成了装备制造业与生产性服务业的规制体系。适度的产业规制有助于规范产业行为、稳定市场秩序，从而促进产业的发展。但在产业融合发展的时代背景下，部分产业制度不仅抑制了人才和资金等产业要素的自由流动，而且制约了市场竞争机制作用的有效发挥，既不利于装备制造业与生产性服务业自身的发展，也抑制了两大产业的融合发展。

在此背景下，不合理的装备制造业与生产性服务业产业规制及其后果已引起国家及相关部门的重视，并逐步放松了对两大产业领域的管制。相关行业准入限制的放宽已在很大程度上实现了产业规制的放松，有效降低了基于虚拟联盟的装备制造业与生产性服务业的融合壁垒。

在产业规制放松的宏观环境下，装备制造业与生产性服务业因其紧密的关联关系和共同的战略利益，两大产业开始突破传统的以投入产出为基础的产业关联关系，呈现浅层次和低强度的装备制造企业与生产性服务企业的互动和产业融合现象。由于良性的产业互动和产业融合不仅能够更好地协调装备制造业与生产性服务业的产业行为，而且能够满足市场上"装备＋服务"的一体化需求，因此可在一定程度上提高参与产业互动与产业融合的装备制造企业与生产性服务企业的市场竞争力。而产业竞争力提升的示范效应会带动更多的装备制造企业与生产性服务企业突破产业边界，形成产业层面的产业融合。但是，装备制造业与生产性服务业产业规制的放松并不意味着产业壁垒的消失，加之对产业资源专用性及市场风险等因素的综合考量，装备制造业与生产性服务业一般不会彻底融合为一个新的产业，而是选择通过虚拟联盟的方式进行融合，以期在获得产业融合效应的同时保持自身在战略层面和战术层面的灵活性。因此，相对宽松的产业环境成为基于虚拟联盟的装备制造业与生产性服务业融合的必要条件之一。

2.2.2　基于虚拟联盟的产业融合动因分析

1. 满足融合型市场需求

满足市场需求是基于虚拟联盟的装备制造业与生产性服务业融合最重要的外部动因。随着经济的发展和社会的进步，装备制造业市场逐渐呈现定制化和个性化的发展趋势，"装备 + 服务"一体化解决方案等融合型的需求也在日益增加。此时通过联盟方式提供"装备 + 服务"融合型产品不仅能满足市场需求，还能有效控制产业融合风险并保持产业活性。因此，基于虚拟联盟的装备制造业与生产性服务业的融合成为两大产业满足市场需求的可行选择之一。然而"装备 + 服务"融合型产品的供给并不能直接满足市场上的融合型需求，只有顺利进入目标市场才有机会满足市场需求。因此，提供"装备 + 服务"融合型产品并克服市场进入壁垒，进而满足融合型产品市场需求促进了基于虚拟联盟的装备制造业与生产性服务业融合。

（1）提供"装备 + 服务"融合型产品。随着全球经济的发展和消费水平的提高，装备与服务产品的终端消费市场逐渐呈现个性化和定制化的趋势，市场也逐步由卖方市场向买方市场转变，提高了大多数装备和服务产品的价格弹性。价格弹性的增加使制造业等用户对交易成本相对较低的"装备 + 服务"融合型产品的需求日益增长。融合型产品需求的增长一方面会直接引发装备制造业产品多样化的调整，另一方面还会逻辑性地引发终端消费者市场的变化，进而引发终端消费者对装备制造业产品需求的变化。市场对于个性化产品和"装备 + 服务"解决方案的需求加强了装备制造业与生产性服务业的关联和互动，有效推动了装备制造业与生产性服务业的融合。

（2）克服市场进入壁垒。装备制造企业与生产性服务企业为了维持自身的发展，遏制潜在竞争者的进入，会基于资本、规模、沉没成本、产品差异化，甚至是法律法规构建其市场的进入壁垒，以保护自身的市场利益。不同类型的市场进入壁垒共同构成了行业内企业对潜在进入者的竞争优势。因此，装备制造企业与生产性服务企业如果想进入服务市场、装备市场或是融合型市场就可能面临着多重市场进入壁垒的制约。强行进入高壁垒的行业不仅会带来成本方面的巨大压力，而且会增加新市场的进入风险。在此背景下，利用基于虚拟联盟的装备制造业与生产性服务业融合不仅可以以较低的成本进入融合对象的既有市场，而且可以基于虚拟联盟的灵活性有效控制市场进入风险。

可见，基于虚拟联盟的装备制造业与生产性服务业融合不仅能通过"装备+服务"融合型产品的供给有效满足市场上的融合型需求，而且可以有效克服市场进入壁垒。因此，满足融合型市场需求，进而扩大市场并提升产业竞争力的产业诉求可以有效推动基于虚拟联盟的装备制造业与生产性服务业融合。

2. 获取产业竞争优势

为了更好满足融合型市场需求，装备制造业与生产性服务业必然要不断提升其产业竞争优势。获取产业竞争优势是基于虚拟联盟的装备制造业与生产性服务业融合最重要的内部动因。一方面，在既有世界经济格局之下，中国装备制造业与生产性服务业面临着美国等发达国家或地区相关产业的竞争压力。由于在既有的世界经济格局之下，美国等发达国家或地区的装备制造业与生产性服务业掌握产业核心技术和知识产权，并具有较强市场运作能力，因此长期处于全球价值链的高端位置，并利用其"顶端优势"将我国装备制造业与生产性服务业锁定到全球价值链的低端位置，抑制了我国相关产业竞争力的提升。另一方面，中国装备制造业与生产性服务业还面临其他发展中国家以更低的人力资源成本和物质成本加入全球竞争的强力挤压，因此更需提升产业竞争力以应对日趋激烈的市场竞争。基于虚拟联盟的装备制造业与生产性服务业融合主要通过获取规模经济效益、降低成本和提高企业灵活性等途径获取竞争优势。

（1）获取规模经济效益。基于虚拟联盟的装备制造业与生产性服务业融合有利于融合主体获取规模经济效益。所谓规模经济效益是指由于经济规模的变动所引起的经济效益的提高，因此规模经济效益既可以由产业规模的增大而产生，也可以由产业规模的降低而产生。而虚拟联盟的装备制造业与生产性服务业融合则有助于两大产业通过基于虚拟联盟的产业融合进行产业规模的适时调整以保持适度规模，从而获取规模经济效益。一方面，基于虚拟联盟的装备制造业与生产性服务业融合可从资源供给、生产制造和市场需求等维度扩大企业原有规模，但由于企业中部分成本因素与企业规模并无直接关系，因此随着企业规模的扩大（未达到规模阈值），其成本会降低，从而使融合主体获取更高的经济效益。除了降低成本带来的直接经济效益外，基于虚拟联盟的装备制造业与生产性服务业的融合有助于促进两大产业的技术进步和资源优化配置，从而进一步获取规模经济效益。另一方面，基于虚拟联盟的装备制造业与生产性服务业融合可以通过外包和代工等方式适度调整虚拟联盟下两大产业的具体分工，通过调整虚拟联盟下两大产业的相对规模增加虚拟联盟体系下两大产业的专业性水平，从而让专业企业做自己擅长的工作，提升虚拟联盟下装备制造业与生产性服务业的效益。

综上所述，基于虚拟联盟的装备制造业与生产性服务业融合有利于融合主体在多个维度获取规模经济效益。因此，追求规模经济效益进而提高产业竞争力的产业诉求可以有效推动基于虚拟联盟的装备制造业与生产性服务业融合。

（2）降低产业成本。基于虚拟联盟的装备制造业与生产性服务业融合有利于融合主体降低成本，具体表现在两个方面。一方面，虚拟联盟下的装备制造业与生产性服务业可以基于联盟关系有效降低两大产业间的交易成本。交易成本指达成交易所要花费的各类成本的综合，不仅包括交易过程中所花费的全部货币成本，而且包括为了完成交易而花费的时间成本，具体包括传播信息、广告、与市场有关的运输以及谈判、协商、签约、合约执行的监督等活动所花费的各种成本。虚拟联盟下的装备制造业与生产性服务业形成了两大产业间一致性的战略诉求和顺畅的信息交流渠道，且两大产业间建立了良好的互惠互利关系，可以在一定程度上降低两大产业间的交易成本。另一方面，虚拟联盟下的装备制造业与生产性服务业可以基于联盟关系有效降低两大产业间的采购成本。虚拟联盟下装备制造业与生产性服务业的融合使两大产业形成了利益统一体，促使两大产业突破自身视野的局限，从虚拟联盟的高度考虑产业问题，通过适度让渡自身利益以追求联盟的发展及自身的长远发展。在此背景下，装备制造业与生产性服务业（特别是生产性服务业）会适度降低自身"产品"的价格，从而降低整个虚拟联盟的采购成本。

产业成本的降低不仅能够提高装备制造业与生产性服务业的竞争力，而且能够提高两大产业的战略灵活性，从而提升产业竞争力。因此，降低产业成本进而提高产业竞争力的诉求亦可有效推动基于虚拟联盟的装备制造业与生产性服务业融合。

（3）提高产业灵活性。基于虚拟联盟的装备制造业与生产性服务业融合有利于融合主体提高灵活性，具体表现在战略灵活性和产品灵活性等方面。从战略灵活性的角度来看，基于虚拟联盟的装备制造业与生产性服务业的融合一方面突破了传统的投入－产出的一般性关联关系，使得两大产业可以基于联盟平台更为灵活地处理其战略关系；另一方面，基于虚拟联盟的装备制造业与生产性服务业的融合没有形成某一特定的新型业态，因此又保证了两大产业适时从虚拟联盟中退出的战略灵活性。从产品灵活性的角度来看，基于虚拟联盟的装备制造业与生产性服务业的融合可以基于两大产业间的联盟关系，依据市场需求进行装备与配套服务的灵活结合，提高两大产业的产品灵活性。

可见，基于虚拟联盟的装备制造业与生产性服务业融合有利于提高两大产业的灵活性。产业灵活性的提高可以更好地适应不断变化的市场环境，满足日益个性化和定制化的市场需求，提升产业竞争力。因此，提高产业灵活性进而提升产业竞争力的诉求可以有效推动基于虚拟联盟的装备制造业与生产性服务业的融合。

3. 提高风险管控能力

提高风险管控能力是满足融合型市场需求和提升产业竞争力的基础和保障，它是基于虚拟联盟的装备制造业与生产性服务业融合的综合性动因，因为风险因素既可能来自虚拟联盟的装备制造业与生产性服务业融合系统内部，也可能来自系统的外部环境。通过基于虚拟联盟的装备制造业与生产性服务业融合，不仅可以基于各自对风险管控的知识和经验积累提高其风险管控的水平，而且可以基于产业的融合来拓展其风险管控资源的投入水平，有助于提升两大产业的风险管控能力。具体来看，基于虚拟联盟的装备制造业与生产性服务业融合可从风险识别、风险预测和风险防控等方面提高两大产业的风险管控能力。

（1）风险识别。风险识别是风险管理的第一步，也是风险管理的基础。只有在正确识别产业生产和发展过程中所面临的风险，才能选择适当有效的方法做相应处理。风险识别过程包含感知风险和分析风险两个环节，其中感知风险即了解客观存在的各种风险，是风险识别的基础，只有通过感知风险，才能进一步在此基础上进行分析，寻找导致风险事故发生的条件因素，为拟定风险处理方案和进行风险管理决策服务；分析风险即分析引起风险事故的各种因素，它是风险识别的关键。显然，基于虚拟联盟的装备制造业与生产性服务业融合可基于其对风险识别主体的扩展以及丰富的风险识别方法提升产业对其面临风险的感知和分析能力。从产业发展实践的视角看，装备制造业与生产性服务业的风险主要包括产业发展及联盟过程中的环境风险、市场风险、技术风险、生产风险、财务风险和人事风险等多维风险。其中环境风险指由于装备制造业及生产性服务业及其融合发展外部环境出现意外而产生的经济风险，起因包括国家宏观经济政策变化因素、企业的生产经营活动与外部环境要求相违背以及道德风俗习惯的改变等因素；市场风险指市场结构发生意外变化，使装备制造业及生产性服务业及其融合无法按既定策略完成而带来的经济风险，起因主要包括对市场需求预测失误、不能准确把握消费者需求偏好的变化、竞争格局出现新的变化和市场供求关系发生变化等；技术风险是指装备制造业及生产性服务业及其融合发展在技术创新的过程中，由于遇到技术、商业或者市场等因素的意外变化而导致的创新失败风险，从产业融合角度来看其原因主要包括技术工艺发生根本性的改进、出现了新的替代技术或产品和技术无法有效地商业化等；生产风险指装备制造企业无法按预定成本完成生产计划而产生的风险，从产业融合角度看引起这类风险的主要因素包括装备制造企业生产过程发生意外中断和生产计划失误，造成生产过程紊乱等；财务风险是在装备制造业及生产性服务业及其融合发展过程中因收支状况发生意外变动而带来财务困难引发的风险，从产业融合角度看主要包括筹资风险、投资风险、存货管理风险、流动性风险和利润分配风险等；人事风险是装备制造业及生产性服务业及其融合发展过程中人事管理方面的风险，从产业融合角度看主要包括人员招聘风险、薪资管理风险和人力资源流失风险等不同来源的风险。显然，基于虚拟联盟的装备制造业与生产性服务业融合不仅能够拓展两大产业对于风险的识别能力，而且可以有效拓展两大产业在风险识别领域的资源投入，有利于提升两大产业的风险识别能力。

（2）风险预测。风险预测是指在产业发展过程中对产业发展进程及其结果可能出现的各种异常进行预测的过程。任何风险事件的发生，都是在内外界各种因素的综合作用下出现的。因此，需要在对装备制造业与生产性服务业发展及其融合过程中的风险性因素进行预测，才能有针对性地高效防控可能存在的风险。对基于虚拟联盟的装备制造业与生产性服务业融合风险进行预测应从风险发生概率和风险后果严重程度两个方面进行。而在长期的产业发展过程中，装备制造业与生产性服务业必然会积累大量关于风险发生概率和风险后果的研判方法、模型和知识，通过产业融合，两大产业不仅可以实现风险研判方法、模型和知识的高度共享，而且可以共同开发新的风险研判方法和模型，形成新知识，从而提升两大产业的风险预测能力。

（3）风险防控。典型的风险防控包括风险规避、风险降低、风险分担和风险承担等策略，其中风险规避是指通过避免受未来可能发生事件的影响而消除风险的策略，风险降低是利用政策或措施将风险降低到可接受水平的策略，风险分担是将风险转移给其他机构的策略，风险承担是维持现有风险水平的策略。基于虚拟联盟的装备制造业与生产性服务业融合一方面有助于两大产业通过联盟既有的风险防控策略体系实现风险规避与风险降低；另一方面由于装备制造业与生产性服务业形成的联盟可以极大提高其原有风险承担能力，并增加风险分担的可能选项，因此对提高两大产业的风险防控能力具有重要的促进作用。

可见，基于虚拟联盟的装备制造业与生产性服务业融合可以全方位提高两大产业的风险识别、风险预测和风险防控能力。因此，提高风险管控能力，进而提升产业竞争力的诉求可以有效推动基于虚拟联盟的装备制造业与生产性服务业融合。

综上所述，获取产业竞争优势、满足融合型市场需求和提高风险管控能力是促进基于虚拟联盟的装备制造业与生产性服务业融合的主要动因。进一步分析可以发现，基于虚拟联盟的装备制造业与生产性服务业融合的三方面动因之间并不是相互独立的，而是存在紧密的关联关系：产业竞争优势的获取得益于更好地满足融合型市场需求和应对产业风险；融合型市场需求的满足依托于强大的产业竞争力和良好的风险管控能力；风险管控能力的提升不仅有利于提升产业竞争优势，而且可以更为稳定地满足融合型市场需求。因此，基于虚拟联盟的装备制造业与生产性服务业融合的三方面动因是一种相互依存、相互促进关系。

2.2.3　基于虚拟联盟的产业融合过程分析

1. 基于虚拟联盟的市场需求融合：融合型需求的增加

基于虚拟联盟的融合型市场需要一部分来自市场需求侧的内生性需求。从市场需求的具体内涵来看，用户需要既不局限于特定的装备产品，也不局限于特定的生产性服务，而是能够满足用户需求的解决方案。该方案具体的构成要素中，装备多一些或是服务多一些并不是用户关注的焦点，只要其使用价值及对应价格符合用户预期即可获得用户的青睐。因此，在用户具体需求得以满足的前提下，用户对产品的具体形态并没有明显的选择性偏好，用户关注的核心是其需求得到满足所付出的综合性成本。由于"装备＋服务"型的一体化解决方案有利于降低用户的产品搜寻成本、议价成本和信息成本，从而降低产品综合成本，因此，用户必然会通过向市场输出融合型需求来增加促进装备制造业与生产性服务业的市场需求融合。从市场需求的供给侧来看，装备制造业与生产性服务业构成的虚拟联盟可以基于用户对"装备＋服务"融合型产品的需求进一步引导客户对"装备＋服务"融合型产品的需求，从而实现装备制造业与生产性服务业基于虚拟联盟的进一步市场需求融合。

2. 基于虚拟联盟的产品供给融合：装备与服务融合

市场上"装备＋服务"一体化融合型需求的增加会在一定程度上引发供给侧装备制造业与生产性服务业的变化。为了更好满足市场上"装备＋服务"一体化融合型需求，虚拟联盟内的装备制造业或生产性服务业开始在其原有产品中有针对性地加入"服务"元素或"装备"元素，从而通过"装备＋配套服务"或"生产性服务＋配套装备"形式满足一体化的融合型市场需求。

（1）装备制造业主导的装备产品与服务产品融合。虚拟联盟中的装备制造业在融合型市场需求的引导下将装备产品和部分生产性服务（如售后服务、出厂物流等）进行捆绑销售，具体表现形式多为装备产品与送货上门、现场管理和售后服务等下游生产性服务业的绑定，其目的是增强产品的市场竞争力，此时虚拟联盟中相应的生产性服务工作多为装备制造业所承担。随着虚拟联盟中装备制造业的发展和市场上"装备＋下游生产性服务"融合型产品需求的扩大，日趋增长的生产性服务需求将超出虚拟联盟中装备制造业的极限承担能力。在此情形下，虚拟联盟中装备制造业可基于其所在虚拟联盟采用两种可能的策略：一是将生产性服务业务外包给虚拟联盟中的生产性服务业，实现装备和服务的分离；二是将生产性服务业进行内部化处理，从而引发虚拟联盟内深层次的装备与服务融合。

随着消费结构的转变和市场竞争的加剧，单纯将装备产品与售后服务等下游生产性服务环节进行绑定的融合产品已不能满足各方需求，市场对

"装备 + 上游生产性服务"融合型产品的需求日趋增加。在这样的背景下，虚拟联盟中装备制造业必然通过技术研发和技术创新将虚拟联盟中上游生产性服务物化入不同的装备之中，获得新型的"装备 + 上游生产性服务"融合产品，从而实现基于虚拟联盟的装备制造业与生产性服务业的产品供给融合。

（2）生产性服务业主导的服务产品与装备产品融合。从虚拟联盟中生产性服务业主导的装备与服务融合角度来看，其服务产品功能的实现必然依托于相应的生产工具和设备，其中大部分为装备制造业产品。虚拟联盟中生产性服务业获得相应装备的传统途径为联盟中的外购或定制，但绞高的采购费用和交易成本往往会迫使部分生产性服务业企业转向自主制造，在原有服务产品的基础上增加配套装备，将服务和装备进行一体化绑定，从而形成"服务 + 装备"式的融合产品。在这个过程中，由于虚拟联盟中大型生产性服务业所需的装备数量较多，易于获得规模效应，且人力、财力、物力等资源相对比较充裕，因此一般是虚拟联盟中大型生产性服务业企业率先进行装备的制造并实现服务和装备的一体化，实现服务和装备产品的融合。在虚拟联盟中大型生产性服务业企业实现"服务 + 装备"的融合产品后，其示范效应会引导虚拟联盟中其他生产性服务业企业进行类似的产品变革，从而实现虚拟联盟中"服务 + 装备"融合型产品从点到线再到面的发展。然而，虚拟联盟中生产性服务业并不天然具备生产装备产品的技术和资源，因此虚拟联盟中生产性服务业需依托联盟中装备制造价值环节进行相应的技术研发和技术创新，才能进行装备产品的制造，实现其与联盟中装备制造业的产品供给融合。

3. 基于虚拟联盟的产品供给主体融合：基于虚拟联盟的产业融合

随着虚拟联盟下装备制造业与生产性服务业的产品供给融合过程的不断深入，必然要求虚拟联盟内的两大产业在沟融、协同、计划和组织等管理职能上进行高度协调与统一，以更好地供给"服务 + 装备"融合型产品，从而促进基于虚拟联盟的装备制造业与生产性服务业融合。

在虚拟联盟下装备制造业与生产性服务业主体融合的初期，其融合的职能主要体现为协调和沟通。此时，虚拟联盟下装备制造业与生产性服务业一般会依托虚拟联盟平台，分别成立相应的协调和沟通机构以进行产业间的沟通与交流。而协调和沟通机构的分立，不仅增加了两大产业提供"服务 +

装备"融合型产品的成本,而且可能会造成产业间信息传输的失真问题,增加两大产业面临的风险。因此,虚拟联盟下装备制造业与生产性服务业均倾向于依托于虚拟联盟平台对其进行合并,形成一个统一的协调沟通机构,从而引发虚拟联盟下两大产业组织实体的初步融合,形成虚拟联盟的雏形。

随着虚拟联盟下产业融合进程的不断深入,装备制造业与生产性服务业之间的关系日趋密切,产业战略利益也趋于统一,从而形成利益共同体。此时,产业生产经营策略不仅关系自身产业的生存与发展,而且会在很大程度上影响关联产业的发展。因此,在装备制造业与生产性服务业融合发展的过程中,两大产业必然会通过协商等方式进行沟通,并以此为基础进行生产计划的制订和平衡,进而实现虚拟联盟下两大产业计划职能和组织职能的融合。相应地,计划和组织等管理职能所对应的组织机构实体也会随着管理职能的融合而逐渐融合,使得虚拟联盟进入快速成长阶段。

然而,虚拟联盟下装备制造业与生产性服务业作为两个分立的产业,虽然可以基于虚拟联盟平台进行充分的沟通和协调,甚至是进行必要的计划与组织职能的一体化建设,但作为独立经济主体的利己性会使两大产业以自身产业利益为中心,不会轻易放松对产业的领导和控制权。加之企业家和行业协会对维护自身声誉的考虑,更加大了虚拟联盟下装备制造业与生产性服务业领导和控制职能融合的难度。所以,虚拟联盟下装备制造业与生产性服务业领导和控制职能的融合,需通过管理输入、股权控制甚至是企业合并与兼并等关系企业所有权的方式来完成。

2.2.4 基于虚拟联盟的产业融合效应分析

1. 产业竞争力提升效应

基于虚拟联盟的装备制造业与生产性服务业的融合可从产业价值链、产业产品和产业空间等多个维度提升两大产业的竞争力。

从价值链角度来看,一方面,基于虚拟联盟的装备制造业与生产性服务业融合本身就是一个对装备制造和生产性服务价值环节进行"优选"的过程,只有高附加值或具有良好发展前景的价值环节才能被"内化"进入基于虚拟联盟的产业融合价值链体系之中,从而形成新的融合型产业形态。因此，新的融合型产业形态集成了装备制造业和生产性服务业的优势价值环节，可在多个价值链环节形成相对竞争优势，进而提升整个价值链的竞争力。另一方面，基于虚拟联盟所形成的新型价值链又在一定程度上保持了装备制造或生产性服务价值环节进入或退出新价值链的灵活性，通过优进劣出在根本上保证了新价值链体系的高竞争力。

从产品角度来看，基于虚拟联盟的装备制造业与生产性服务业融合所形成的"装备 + 服务"融合型产品，不仅在产品"搜寻成本"和"谈判成本"等方面具有明显的相对优势和更为丰富的产品组合形式，而且可以基于虚拟联盟这一极具灵活性的融合形式实现"装备 + 服务"的灵活组合，从而有效降低"装备 + 服务"融合型产品的研发与设计成本，进一步提高产品竞争力。

从产业活动空间角度来看，基于虚拟联盟的装备制造业与生产性服务业的融合一方面有效增加了两大产业发展及竞争力培育所必需的人、财、物和信息等产业资源，一定程度上提升产业竞争力，降低产业进入壁垒等约束的强度，拓展融合系统的生存和发展空间；另一方面又可以基于虚拟联盟的灵活性降低产业活动空间拓展过程中的各种规制和成本压力，起到提高两大产业竞争力的效应。

2. 产业组织及产业结构改善效应

从产业组织角度来看，虚拟联盟下率先融合的装备制造业或生产性服务业企业，由于在研发、产品实现和售后服务等多个价值环节具有相对竞争优势，企业规模和市场空间不断扩大，绩效得以持续改善，从而进一步扩大了其竞争优势，形成发展的良性循环，获得发展的"顶端优势"。而"顶端优势"的存在和不断加强必然会改变装备制造业与生产性服务业原有的市场结构状态。根据哈佛学派的 SCP 分析框架，市场结构的变化会逻辑性地引发装备制造业与生产性服务业企业市场行为的积极调整，进而提高两大产业的资源配置效率和利润率水平，改善和优化两大产业的产业组织状况。

从产业结构角度来看，虚拟联盟下产业融合首先引发了装备制造业与生产性服务业产业关联关系的调整，不合理的产业结构在产业融合过程中依据产业间客观的技术经济关系得以重构，从而促进两大产业内部各行业的协调发展。同时，产业融合还加速了装备制造业与生产性服务业产业结构的高度化演进，具体表现在两个方面：一是产业融合促进了装备制造业中高新技术行业比重的不断上升；二是产业融合促进了生产性服务业中"中上游"行业比重的持续增加。可见，装备制造业与生产性服务业的融合改善了两大产业的产业结构，促使其不断向高级化和合理化方向演进。

3. 装备制造业价值链攀升效应

虚拟联盟下装备制造业与生产性服务业的融合有利于装备制造业价值链的纵向延伸、横向扩展和网式重组，对实现我国装备制造业的价值链攀升具有重要意义。

研发设计、市场营销和售后服务等增值性生产性服务价值环节的嵌入，纵向延伸了装备制造业的价值链，实现了装备制造业价值链向"微笑曲线"两端高价值环节的延伸。融合过程中，装备制造业将生产性服务价值增值环节部分或全部内化到自身的价值链中，有效拓展了价值链长度，增加了价值链增值环节，完善了价值链体系，实现了装备制造业价值链的攀升。

物流、生产管理、技术咨询和设备维护等支持性生产服务环节的嵌入，横向拓展了装备制造业的价值链。装备制造业将原本来自产业外部的支持性生产服务价值环节纳入自身价值体系之中，有效降低了其获取相关生产性服务的综合成本。除此之外，装备制造业价值链的横向拓展还有助于将其内部生产性服务价值环节培养成自身价值链中的核心增值环节，从而扩展能力，获得新的价值增值点，实现装备制造业价值链的攀升。

网式重组基于装备制造业与生产性服务业价值链环节分解所形成的价值网络，在内部契约成本和外部交易成本的双重作用下，从原本的混沌状态中，以自组织方式形成全新的装备制造业价值网络。这种全新的装备制造业价值链可以有效地从价值网络中吸收对于自身发展最为有利的生产性服务价值环节及其他相关配套价值环节，有效提高装备制造业成套、配套服务能力和工程项目"一揽子"解决方案的提供能力，实现了装备制造业价值链的攀升。

综上所述，基于虚拟联盟的装备制造业与生产性服务业的产业融合呈现出如下规律：首先，基于虚拟联盟的装备制造业与生产性服务业融合是在两大产业具有共同战略利益和产业规制环境较为宽松的前提下展开的；其次，基于虚拟联盟的装备制造业与生产性服务业的融合受到融合型市场需求、产业竞争和风险管控等多维因素的共同驱动；再次，基于虚拟联盟的装备制造业与生产性服务业融合过程由市场需求融合、产品供给融合和产品供给主体融合三个阶段构成；最后，基于虚拟联盟的装备制造业与生产性服务业融合会产生提升产业竞争力，改善产业组织及产业结构，实现装备制造业价值链攀升。

2.3 基于虚拟联盟的产业融合要素分析

2.3.1 研究方法选择

基于对虚拟联盟下装备制造业与生产性服务业的融合机理的分析可知，虚拟联盟下装备制造业与生产性服务业的融合具有突出的实践性。基于此，本书拟从虚拟联盟下装备制造业与生产性服务业的融合实践及机理研究结果入手，通过质化研究方法寻求新的研究现象和问题，对这些现象和问题进行归纳，提炼出基本概念或构建理论假设，进一步使用大样本的定量研究来验证由这些概念构建的理论假设，并确定最终的理论。因此，根据本书所研究的问题，选择定性的研究方法进行研究，发现现象和问题，提出概念或理论假设，为进一步理论建立打基础。

质性研究分为传记研究、现象研究、民族志、案例研究、扎根理论五种方法，它们是社会学中五大传统研究方法。在定性研究方法中，扎根理论是被学者广泛接受的一种质性研究方法，它也被认为是最适合进行理论构建的方法。扎根理论是通过系统分析数据和资料得到理论的质的研究方法，研究过程科学严谨。扎根理论研究方法是一个数据分析与收集的通用方法，它系统地使用一系列方法生成一个关于实质性领域的归纳理论。目的是通过不断比较分析数据进行归纳提炼，最终生成一个理论。通过扎根理论所构建的理论来源于实践的资料数据，其研究过程是系统规范的，学者后期可以对这个过程进行不断重复检查和验证，克服了一般定性研究缺乏规范过程的缺点，使构建的理论更有说服力。

扎根理论最早应用于社会学领域，因其规范的研究过程，逐渐在其他领域被广泛采用，国内外也不乏运用扎根理论进行研究的管理学成果，因而完全可以将其运用于本书的研究。同时，在国内外虚拟联盟文献中还未见采用扎根理论研究的相关成果，这也正体现了本书在分析方法方面的尝试和创新。

因此，本书选择扎根理论作为研究方法，其系统规范的研究过程使得本书的研究扎根于实践，获得较有说服力的研究成果，因而本书选择该方法作为本研究的分析工具。

2.3.2　研究数据收集

首先要确定数据收集对象，即对研究样本源进行分析与确定；在此基础上通过实地调研和二手数据整理获得研究所需资料。

1. 研究样本来源分析

首先基于虚拟联盟、产业融合和基于虚拟联盟的装备制造业与生产性服务业融合等核心研究主题的内涵建立是基于虚拟联盟的产业融合实践主体识别体系，在此基础上对各种企业联盟体进行界定，最终找到符合本书研究范畴的虚拟联盟样本，如 IBM + Lotus、吉利 + 中国铁路、华为/苹果 + 中国移动/中国联通等实践主体。由于虚拟联盟的参与主体多样，虚拟联盟的构成不仅包括装备制造企业、生产性服务企业等主体要素，而且可能包括中介机构和政府等其他辅助性要素，因此本书在进行样本选择时根据不同虚拟联盟的实际情况进行权变处理。在具体的样本调研过程中，每个虚拟联盟均选择不同企业、不同层次和不同职能部门的从业人员进行调研，人数控制在 20 人左右；单个辅助性机构调研人数控制在 5 人左右，调研虚拟联盟数共计 10 个，辅助性机构数量为 20 个。因此样本来源数应在 300 个以上，能够满足本书研究的需求。

2. 数据收集方式

对于基于虚拟联盟的装备制造业与生产性服务业融合的相关数据主要通过两种途径进行收集。一是针对研究样本进行实地调研并进行问卷调查，收集第一手资料；二是通过各种媒体平台、企业官网以及爱思唯尔（Elsevier）等数据库的相关研究成果收集二手资料。考虑到部分研究样本为国外企业，调研时主要选择其设在中国境内的分公司或分支机构，并着重进行二手数据的收集。为了使数据的收集更具有效性，本书首先通过对二手资料的初步整理和分析，构建样本实地调研问卷框架。问卷围绕 16 个问题展开，具体根据调研对象有所调整。为了保证问卷的有效性，原则上要求作答者为样本联盟从业人员或相关辅助性机构从业员工，每题都要求作答者进行认真思考和深入回答，确保问卷的有效性。问卷的部分主体问题框架如下：

（1）装备产品与服务产品是否存在融合趋势，具体是怎么体现的？

（2）装备制造业与生产性服务业之间的界限为何变得日益模糊？

（3）装备制造业与生产性服务业的融合是怎么发生的？

（4）哪些因素推动或制约了装备制造业与生产性服务业的融合？

（5）装备制造业与生产性服务业的融合过程经历了哪些阶段？

（6）装备制造业与生产性服务业的融合带来了哪些效应？

（7）虚拟联盟的构建如何推动产业融合的产生和发展？

（8）贵公司/单位为什么要基于虚拟联盟的方式去实现"装备与服务"的一体化？

（9）贵公司/单位在发展过程中，有过哪些重要的联盟发生？

（10）贵公司/单位受到什么因素影响去进行虚拟联盟的建立？

（11）贵公司/单位如何进行虚拟联盟的构建？

（12）贵公司/单位通过虚拟联盟的构建获得了什么收益？

（13）贵公司/单位认为虚拟联盟高效运行的关键是什么？

（14）贵公司/单位认为虚拟联盟怎样分配收益是合理的？

（15）贵公司/单位如何在虚拟联盟中修正自己的行为？

（16）贵公司/单位认为应该如何有效保障虚拟联盟的运行？

3. 数据收集成果

通过对一手数据和二手数据的收集，收集到相关从业人员采访音频共计584小时，企业官网、政府官网和搜索引擎检索的网络公开资料176份，企业内部材料136份（非涉密），学术论文等相关研究成果34份。通过对数据收集成果的初步分析可知，相关数据能够满足本书研究的需要。

2.3.3 基于编码的融合关键要素分析

通过开放性编码、主轴编码和选择性编码获取基于虚拟联盟的装备制造业与生产性服务业融合要素。

1. 基于开放性编码的融合要素分析

开放性编码是指将用于分析的资料进行整理，对资料贴标签，然后对资料进行概念化，比较其异同，把相似的概念聚合，如此不断进行比较分析，归纳更高一级的范畴，这个过程就是开放性编码的概念化和范畴化。开放性编码的目的主要是处理归纳总结的问题。

为了方便接下来对基于虚拟联盟的装备制造业与生产性服务业融合的相关资料进行编码分析，本书对案例资料及问卷资料进行了如下整理：一是将案例及问卷资料中内容过于简单、不足以反映问题的资料排除；二是将内容不清晰或者模棱两可的资料排除；三是将与本书研究问题相关度较小的资料排除；四是将相似的资料排除。对资料进行整理后形成 52 个标签，用于接下来的数据分析。

（1）概念化。开放性编码的分析工作中，首先就是将资料数据转换成概念，这种概念化的信息可以简明扼要地反映资料数据。将贴上标签的资料数据进行概念化，就是将贴上标签的数据的句子和段落予以分解，将原有的数据资料分解成许多独立的事件，然后将贴上标签的资料进行现象摘要，为概念化奠定基础。最终得到 52 个初始概念来描述资料的现象摘要。

（2）范畴化。概念化的过程是逐一识别每一个有价值的现象摘要，对有可能成为现象的内容进行标识，从而得到很多概念。为了减少处理大量概念的时间，可借助主题分析把相似的概念汇集成一个类别，这个过程就是范畴化。范畴化就是在概念化的基础上进一步浓缩提炼。需要注意的是，这里形成的关系只是暂时的，可通过数据编码中的主轴编码对关系进行进一步确认。将表达相同的概念或有关系的概念聚拢，抽象出一个关键词，然后考虑这个关键词是否代表了同样的现象，按照这样的过程形成范畴。

经过多次整理分析，本书对初始概念进行聚拢分析，提炼范畴，最终得到 37 个范畴，如表 2 – 1 所示。

表 2 – 1　　　　　　　　　　开放性编码形成的范畴

编号	范畴	初始概念
1	资源互补	企业的资源是有限的，往往存在互补性，人有我无、我有人无的现象较为普遍；企业缺乏的资源可通过基于联盟的产业融合进行低成本获取；基于虚拟联盟的产业融合能扩大两大产业的资源获取时空范围
2	风险分担	面对日趋增加的市场风险，通过联盟方式与其他企业进行融合来降低风险具有必要性

编号	范畴	初始概念
3	利益分享	通过联盟方式与其他企业进行融合可拓展企业的盈利途径，与市场领先企业的联盟还可显著增强企业的盈利水平，联盟下的产业融合有助于优势的凸显，提升企业的价值创造能力
4	政策驱动	产业规制政策和产业准入政策以及部分区域发展政策的颁布促使基于虚拟联盟的产业融合成为企业跨行业和跨区域发展的重要选择之一，产业集聚政策和人才政策也在一定程度上促进了产业联盟的出现与发展
5	市场竞争推动	日趋激烈的市场竞争促使企业抱团取暖，基于联盟的产业融合有助于提升企业市场竞争力
6	市场需求拉动	市场上融合型需求的涌现推动了基于虚拟联盟的装备制造业与生产性服务业融合，产业联盟在满足用户"一揽子"解决方案方面具有突出优势
7	科技进步驱动	科学技术的进步不仅推动了基于联盟的产业融合，并为其发展提供了物质条件
8	伙伴互补性	伙伴间的互补性是构建联盟时重要的落脚点之一，联盟内融合伙伴的选择不仅要考虑资源互补和业务互补，还要考虑地域互补性
9	战略匹配	只考虑联盟内战略一致的企业进行融合，发展战略差异较大的企业间难以建立牢固的联盟关系，因此也就无法进行融合
10	企业能力	优先与行业内的领先者进行合作，选择联盟伙伴不仅要看其业务能力，还要看其与企业的匹配性和互补性；衡量企业的能力要从主营业务能力、管理能力、协作能力等多个方面进行综合评价
11	信用记录	对与有不良信用记录企业的合作持审慎态度，一般不与其建立联盟关系，亦不会与其融合发展
12	战略与策略协同	战略与策略的协同是基于联盟实现产业融合的基础，为了融合需要对企业的战略和策略体系进行适度修正，不同的战略方向及其实现策略导致很难形成长久的联盟关系，从而影响产业融合
13	组织模式确立	虚拟联盟下产业融合的组织方式相对松散，一般不涉及所有权关系，一个合适的组织模式对发挥联盟作用和实现联盟各方诉求具有重要意义，联盟需要各方共同参与、共同发挥作用；联盟组织强调各参与方的平等性

续表

编号	范畴	初始概念
14	信息沟通	联盟的组织协调依赖于信息沟通机制的构建及其有效运转，不同信息应用不同的沟通渠道进行沟通，信息沟通方式的选择也应具有针对性和适用性
15	利益分配模式	利益分配的合理与否是联盟下产业融合能否持续下去的关键，利益分配模式的确定应由各参与方协商确定，产业融合利益的分配模式不是一成不变的，需要根据联盟及环境的具体情况进行适时调整
16	利益分配格局	联盟下产业融合利益分配应向联盟中的弱势参与者适度倾斜，利益的分配应体现参与主体在联盟价值创造中的作用，利益的分配应与参与主体承担的风险相匹配
17	利益分配公平性	公平合理是利益分配的第一原则，产业融合利益分配的公平性是相对的，不可能实现绝对公平
18	联盟制度控制	联盟会订立相应的协议、合同、准则和规范来规避各方可能遇到的风险，法律法规是联盟控制风险的底线
19	奖惩机制控制	建立奖惩机制，对于危害联盟的行为给予及时处罚；从联盟角度出发，对于符合联盟利益要求的行为进行奖励
20	社会伦理约束	要在联盟中建立伦理道德体系，提升联盟参与主体伦理道德水平；加强风险控制中的伦理约束，伦理的内化作用更有利于风险控制，将伦理道德标准贯穿于联盟的各项规章制度和行为规范之中
21	政府政策监督	政府及其政策的引导作用有利于控制各联盟参与方的不良行为，降低联盟风险，行业管理部门的监督也有利于规避部分联盟风险
22	融合水平评价	联盟下产业融合参与主体间的合作水平应保持在一个恰当的程度；联盟各主体间不应涉及所有权等问题，否则可能导致联盟信任机制的崩溃，进而导致联盟解体；定期对联盟绩效进行总体评价是必要的，它是修正联盟运作方式的基础
23	融合绩效评价	联盟下产业融合绩效主要体现在融合参与主体的经济效应方面，对于融合绩效的评价应全面、系统；产业融合绩效评价既要体现整体绩效，又要体现各参与主体的绩效

续表

编号	范畴	初始概念
24	反馈体系构建	为了使基于联盟的产业融合按照各参与方的预期运行,应对联盟进行实时反馈控制,反馈体系的建立应包括联盟和参与主体两个层面;并非所有评价结果都会被反馈,需根据评价信息本身和联盟具体情况而定
25	反馈方式选择	正负反馈在产业融合绩效评价结果的反馈中均存在,但一般会强化有利于联盟发展的正反馈,弱化负反馈,正负反馈的选择应根据反馈对象和主体的不同加以区分
26	人才资源	人才是保障联盟下产业融合的第一资源,在联盟层面的人才需求主要通过内招方式进行满足,为了满足联盟的人才需求,社招和校园招聘已成为人才资源的重要来源
27	资金资源	联盟下的产业融合以及联盟的建立与信息均需要消耗一定量的资金,即联盟的运行需要资金保障,联盟资金主要源于各参与主体,保障联盟运行的资金专款专用
28	信息资源	联盟下的产业融合进程依赖于信息资源的充分共享,应建立一个统一的信息平台以消除联盟内的信息孤岛,联盟建立了基于大数据的外部信息捕捉和分析体系
29	技术资源	联盟下的产业融合进程依赖于信息与通信技术等现代化技术手段的运用,较高的管理水平有助于联盟的高效运作
30	组织管理机构	联盟人才应从各参与主体抽调精干力量构建联盟的组织管理机构;组织管理机构的构建主要是处理沟通、协调等联盟日常性事务,保障联盟的正常运行;组织管理机构对各参与主体没有通常意义上的管理权
31	组织管理制度	组织管理机构应构建一套完善的管理制度以保障联盟组织的有效性,联盟的组织管理制度应具有一定的柔性;联盟的组织管理制度应可以根据联盟具体情况和环境进行适时调整
32	企业文化	开放和包容的企业文化有利于保障联盟的形成与发展,在企业文化中注入联盟文化基因和融合文化基因
33	联盟文化	联盟应构筑一个能被其成员普遍接受的文化体系;联盟文化应以各参与主体既有的企业文化为基础;应加强联盟文化的认同感,使之成为联盟成员普遍接受和遵循的文化体系
34	融合文化	跨产业的企业重组和并购已被企业员工广泛接受,多元化经营已经成为企业发展的重要战略之一

续表

编号	范畴	初始概念
35	企业规章	企业已经将保障联盟的相关条款写入规章制度，从人力、财力、物力等方面为联盟发展提供保障，企业既有的在生产制造和履约等方面的规章制度也在一定程度上保障了联盟的正常运作
36	联盟规则	需要在联盟层面制定相应规则以保障联盟正常和高效运作。为了保证联盟规则的有效性，联盟规则应由各参与主体共同参与制定，实现联盟规则的动态性对保障联盟有效运行具有重要意义，因此应根据联盟及环境状况对联盟规则进行动态修正
37	政府政策	各级政府颁布了产业准入等一系列政策，对保障联盟下的产业融合具有重要影响，如恰当的财税政策有利于保障联盟的正常运行和产业融合的实现，而积极的人才政策则在一定程度上保障了联盟的人才引进进程，为产业融合进程的推进提供保障

资料来源：笔者自制。

2. 基于主轴编码的融合主要素分析

主轴编码是在开放性编码所形成范畴的基础上，分析范畴之间的关系，然后将资料重新整合，建立范畴间的联系并进行归类聚集，从而获取基于虚拟联盟的装备制造业与生产性服务业融合主要素。在主轴编码过程中，需要分析各范畴之间是否存在联系，进而找到归类聚集的线索。因此，对开放性编码中的不同范畴进行逐一分析，尝试解析其脉络和因果关系。分析不同范畴之间的联系，对其进行归类后形成主范畴。

基于对开放式编码中呈现的 37 种不同范畴之间关系的分析发现，资源互补、风险分担和利益分享属于促进虚拟联盟内装备制造业与生产性服务业融合的内生动力范畴，因此被归为融合内生动力范畴；政策、市场竞争、市场需求和科技进步属于促进虚拟联盟内装备制造业与生产性服务业融合的外生动力范畴，因此被归为融合外生动力范畴；伙伴互补性、战略匹配、企业能力、信用记录属于实现虚拟联盟内装备制造业或生产性服务业融合伙伴选择的范畴，因此被归为融合伙伴选择范畴；战略与策略协同、组织模式确立、信息沟通属于虚拟联盟内装备制造业和生产性服务业融合的实现范畴，因此被归为融合实现范畴；利益分配模式、利益分配格局、利益分配公平性属于实现虚拟联盟内装备制造业或生产性服务业利益分配的范畴，因此被归为融合利益分配范畴；联盟制度控制、奖惩控制、社会伦理约束、政府政策监督属于实现虚拟联盟内装备制造业或生产性服务业融合风险控制的范畴，因此被归为融合风险控制范畴；融合水平评价、融合绩效评价属于基于虚拟联盟的装备制造业或生产性服务业融合评价范畴，因此被归为融合评价范畴；反馈体系构建、反馈方式选择属于虚拟联盟下装备制造业或生产性服务业融合反馈控制的范畴，因此被归为融合反馈范畴；人才资源、资金资源、信息资源、技术资源属于保障虚拟联盟内装备制造业或生产性服务业融合的资源范畴，因此被归为融合资源保障范畴；组织管理机构、组织管理制度属于保障虚拟联盟内装备制造业或生产性服务业融合的组织范畴，因此被归为融合组织保障范畴；企业文化、联盟文化、融合文化属于保障虚拟联盟内装备制造业或生产性服务业融合的文化范畴，因此被归为融合文化保障范畴；企业规章、联盟规则、政府政策属于保障虚拟联盟内装备制造业或生产性服务业融合的制度范畴，因此被归为融合制度保障范畴。最终从 37 个范畴中抽象出 12 个主范畴。基于主轴编码形成的主范畴如表 2 - 2 所示。

表 2 - 2   基于主轴编码形成的主范畴

编号	主范畴	范畴
1	内生性动力	资源互补
		风险分担
		利益分享
2	外生性动力	政策驱动
		市场竞争驱动
		市场需求
		科技进步
3	伙伴选择	伙伴互补性
		战略匹配
		企业能力
		信用记录
4	组织协调	战略与策略协同
		组织模式确立
		信息沟通

续表

编号	主范畴	范畴
5	利益分配	利益分配模式
		利益分配格局
		利益分配公平性
6	风险控制	联盟制度控制
		奖惩控制
		社会伦理约束
		政府政策监督
7	融合评价	融合水平评价
		融合绩效评价
8	反馈控制	反馈体系构建
		反馈方式选择
9	资源保障	人才资源
		资金资源
		信息资源
		技术资源
10	组织保障	组织管理机构
		组织管理制度
11	文化保障	企业文化
		联盟文化
		融合文化
12	制度保障	企业规章
		联盟规则
		政府政策

资料来源：笔者自制。

3. 基于选择性编码的融合核心要素分析

选择性编码通过进一步比较和编码，挖掘能够统领所有主范畴的核心范畴。基于对主轴编码形成的 12 种主范畴之间关系的分析发现，外生性动力和内生性动力属于促进虚拟联盟内装备制造业与生产性服务业融合的动力范畴，因此被归为融合动力范畴；伙伴选择、组织协调、利益分配和风险控制对虚拟联盟内装备制造业与生产性服务业融合的实现起到重要作用，可被归为融合实现范畴；融合绩效的评价和反馈控制过程可以为虚拟联盟内的装备制造业与生产性服务业融合机制的控制、反馈和优化提供依据，可被归为融合评价反馈范畴。在整个融合过程中，需提供资源、组织、文化和制度四个方面的保障以实现两大产业的融合，可归为融合保障范畴。综上所述，在主轴编码阶段共得到4个核心范畴：融合动力、融合实现、评价反馈和融合保障。基于选择性编码形成的核心范畴如表2-3所示。

表 2-3　　　　　　　　　基于选择性编码形成的核心范畴

编号	核心范畴	主范畴
1	融合动力	外源性动力
		内生性动力
2	融合实现	伙伴选择
		组织协调
		利益分配
		风险控制
3	评价反馈	融合评价
		反馈控制
4	融合保障	资源保障
		组织保障
		文化保障
		制度保障

资料来源：笔者自制。

　　综上所述，本书得出的四个核心范畴为"基于虚拟联盟的装备制造业与生产性服务业融合动力""基于虚拟联盟的装备制造业与生产性服务业融合实现""基于虚拟联盟的装备制造业与生产性服务业融合评价与反馈"和"基于虚拟联盟的装备制造业与生产性服务业融合保障"。上述四个主范畴即为基于虚拟联盟的装备制造业与生产性服务业的融合关键要素。

4. 理论饱和度检验

　　通过扎根理论构建较为系统的基于虚拟联盟的装备制造业与生产性服

务业融合要素之后，需要进行理论饱和度检验，检验融合要素是否饱和，如果构建的理论不饱和，需要再进行数据收集以保障研究的有效性。理论饱和度检验指的是不可以通过额外的数据使研究者进一步发展某一范畴。本书将用于检验理论饱和度的 20 份问卷进行编码和分析，得到的结果仍然符合"基于虚拟联盟的装备制造业与生产性服务业融合要素"的脉络和关系。通过对 20 份问卷资料的分析，没有得到新的范畴，所以，通过扎根理论得到的基于虚拟联盟的装备制造业与生产性服务业融合要素是饱和的。

2.4　基于融合关键要素的产业融合机制体系总体设计

2.4.1　产业融合机制总体框架

通过前面的研究可知，基于虚拟联盟的装备制造业与生产性服务业的融合是基于两大产业具有共同战略利益和宽松产业规制环境等条件下，在满足融合型市场需求、获取产业竞争优势和提高产业风险管控能力等发展诉求的推动下，通过市场需求融合、产品供给融合和产品供给主体融合等一系列过程而实现的。虚拟联盟的装备制造业与生产性服务业的融合具有提升产业竞争力、优化产业组织及产业结构、实现装备制造业价值链攀升等效应，而相应效应的取得又反向作用于产业融合动因及产业融合过程，形成产业融合的闭环治理体系。

基于虚拟联盟的装备制造业与生产性服务业的融合受多维要素的共同影响，其关键要素为"基于虚拟联盟的装备制造业与生产性服务业融合动力""基于虚拟联盟的装备制造业与生产性服务业融合实现""基于虚拟联盟的装备制造业与生产性服务业融合评价与反馈""基于虚拟联盟的装备制造业与生产性服务业融合保障"四大要素。因此，促进基于虚拟联盟的装备制造业与生产性服务业的融合发展，需以上述四个关键要素为基础，构建完善的产业融合发展机制。

从产业融合机理出发，以基于虚拟联盟的装备制造业与生产性服务业融合关键要素为基础，构建由"融合动力机制""融合实现机制""融合评价与反馈机制"和"融合机制保障"构成的基于虚拟联盟的装备制造业与生产性服务业融合机制体系框架，如图2－1所示。

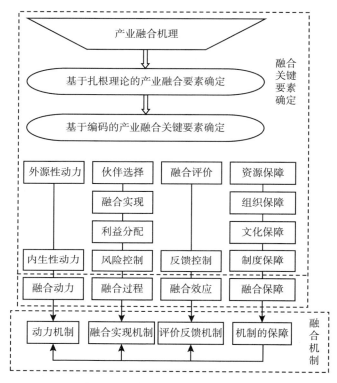

图2－1　产业融合机制总体框架

资料来源：笔者自制。

2.4.2　产业融合机制内涵

基于虚拟联盟的装备制造业与生产性服务业融合的机制，即"基于虚拟联盟的装备制造业与生产性服务业融合动力机制""基于虚拟联盟的装备制造业与生产性服务业融合实现机制""基于虚拟联盟的装备制造业与生产性服务业融合评价反馈机制"的具体内涵如下。

（1）基于虚拟联盟的装备制造业与生产性服务业融合动力机制是资源互补、风险分担、利益共享等产业融合内部动因，以及市场需求、市场竞争、政策和科技进步等产业融合外部动因如何驱动两大产业基于虚拟联盟实现产业融合的运行方式及各要素间的内在关系。因此，基于虚拟联盟的装备制造业与生产性服务业融合的动力机制一方面要揭示驱动两大产业融合的具体要素及其运行方式，另一方面还要揭示两大产业融合驱动要素的内在关联关系。

（2）基于虚拟联盟的装备制造业与生产性服务业融合实现机制是两大产业如何通过伙伴选择、组织协调、利益分配和风险控制等过程而最终实现基于虚拟联盟的两大产业融合的实现方式，以及过程中所涉及的各要素间的关联关系。因此，揭示基于虚拟联盟的装备制造业与生产性服务业融合实现机制应系统设计两大产业融合过程中的伙伴选择、组织协调、利益分配和风险控制体系。

（3）基于虚拟联盟的装备制造业与生产性服务业融合评价反馈机制是评价两大产业融合绩效，进而对产业融合动因与过程进行反馈控制的运行方式以及过程中所涉及各要素间的关联关系。因此，揭示基于虚拟联盟的装备制造业与生产性服务业融合评价反馈机制：一是要建立产业融合绩效评价体系；二是要构建基于绩效评价结果的反馈体系；三是要揭示各种评价反馈措施间的内在关联与组合关系。

除上述三大机制外，基于虚拟联盟的装备制造业与生产性服务业融合的实现还需从资源、组织、文化和制度等多个方面进行保障，才能使基于虚拟联盟的产业融合得以实现，并取得理想的产业融合绩效。因此，基于虚拟联盟的装备制造业与生产性服务业融合机制的保障策略也是产业融合机制体系的有机组成部分。保障基于虚拟联盟的装备制造业与生产性服务业融合机制得以实现，要构建涵盖资源、组织、文化和制度等多种要素的保障策略体系。

2.4.3　产业融合机制体系模型

基于前面研究可知，基于虚拟联盟的装备制造业与生产性服务业融合机制体系包含"基于虚拟联盟的装备制造业与生产性服务业融合动力机制""基于虚拟联盟的装备制造业与生产性服务业融合实现机制""基于虚拟联盟的装备制造业与生产性服务业评价反馈机制"三个子机制，且各产业融合子机制需在特定的保障策略体系下得以实现，各子机制间存在如下逻辑演进关系：

融合动力机制解决了基于虚拟联盟的产业融合的动力问题，触发了产业融合进程；融合实现机制解决了基于虚拟联盟的产业融合的过程问题，实现了产业融合进程；融合评价反馈机制解决了基于虚拟联盟的产业融合的评价反馈问题，使产业融合进程成为一个闭环；保障策略体系解决了基于虚拟联盟的产业融合资源和环境等要素的保障问题，从而保障了产业融合进程的顺畅和高效。

　　综上所述，得到基于虚拟联盟的装备制造业与生产性服务业融合机制体系模型，如图 2－2 所示。

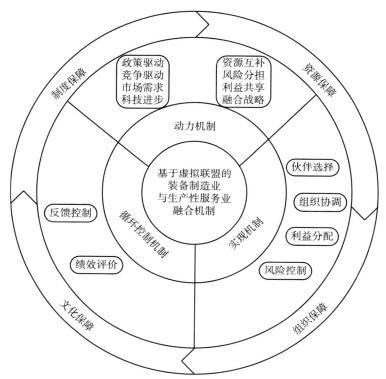

图 2－2　基于虚拟联盟的装备制造业与生产性服务业融合机制体系模型

资料来源：笔者自制。

2.5　本章小结

　　本章从产业融合条件、动因、过程和效应等方面对基于虚拟联盟的装备制造业与生产性服务业融合机理进行系统揭示；基于产业融合机理研究成果及产业融合过程的实践性，采用质化研究方法对基于虚拟联盟的装备制造业与生产性服务业融合关键要素进行揭示；以基于虚拟联盟的装备制造业与生产性服务业融合关键要素为基础，对融合机制体系进行总体设计，得到由融合动力机制、融合实现机制和融合评价反馈机制等三个子机制以及产业融合机制保障策略体系所构成的基于虚拟联盟的装备制造业与生产性服务业融合机制体系。

第3章 基于虚拟联盟的装备制造业与生产性服务业融合动力机制研究

基于虚拟联盟的装备制造业与生产性服务业融合的动力机制是资源互补、风险分担、利益共享等产业融合内部动因，以及市场需求、市场竞争、政策和科技进步等产业融合外部动因如何驱动两大产业基于虚拟联盟实现产业融合的运行方式及各要素间的关系。本章在对基于虚拟联盟的装备制造业与生产性服务业融合动力源进行分析的基础上，分别对内生性动力和外生性动力的作用机制进行分析，进而确定基于虚拟联盟的装备制造业与生产性服务业融合动力传导过程及管理。

3.1 基于虚拟联盟的产业融合动力源分析

3.1.1 动力源提出

1. 基于虚拟联盟的互动融合动力源理论基础

基于虚拟联盟的互动融合动力源理论基础主要包括资源基础理论、消费者需求理论和国家竞争优势理论。

（1）资源基础理论。资源基础理论指出，企业是各种有形资源与无形资源的集合体，企业可将所拥有的资源转化为其独特的能力，以在市场竞争中获得独特的优势。装备制造业企业要想利用生产性服务业的专业技术或服务进行融合，可看作是装备制造业企业通过获取外部资源提高自身竞争力。但生产性服务业的行业特性是可同时为多个装备制造业企业提供专业的服务，因此装备制造业企业可通过虚拟联盟的形式与生产性服务业企业缔结盟约，保证其自身利益。通过上述分析，资源基础理论能够为基于虚拟联盟的互动融合动力源分析提供理论基础。

（2）消费者需求理论。消费者需求理论对指导企业的生产经营具有重要意义，具体可以概括为企业所提供的产品应满足消费者的需求，即市场需要什么企业就应提供什么。特别是对于装备制造业与生产性服务业互动融合而言，企业与客户之间不再是单纯的买卖关系，客户能够与企业进行更多的互动，并且客户可以向企业提出更加复杂的需求，在这一过程中双方实现价值共创。消费者需求理论对于两产业互动融合有较好的解释作用，可以作为分析基于虚拟联盟的互动融合动力源分析理论之一。

（3）国家竞争优势理论。一国产业在国际上是否具有竞争力就是比较产业的竞争优势，而产业竞争优势最终体现在产品、企业及产业的市场实现能力上。因此，产业竞争力的实质是产业的比较生产力。比较生产力是指企业或产业能够以比其他竞争对手更有效的方式持续生产消费者愿意接受的产品，并由此获得满意的经济收益的综合能力。我国装备制造业所提供的装备产品在国际上仍处于中低端，因此产品质量不能成为我国装备制造业的竞争优势。与生产性服务业进行互动融合是我国装备制造业的新探索，通过增加装备产品的价值环节、提升产品的附加值在国际竞争中获取竞争优势。

2. 基于虚拟联盟的互动融合动力源分类

基于虚拟联盟的互动融合动力源分为内部动力源和外部动力源两类。

（1）内部动力源。基于虚拟联盟的互动融合内部动力源可从以下方面进行分析。

①资源互补。装备制造业与生产性服务业的互动融合本身就是一种产业层面的资源互补，装备制造业利用生产性服务业的专业技术或服务提高装备产品的附加值，生产性服务业以装备制造业为载体实现技术应用及创新，建立在双方意愿基础上的资源互补无疑是共赢行为。相较于单独企业间的互动融合，虚拟联盟的形式能够扩大企业间资源互补的广度和深度，加深企业间互动融合的程度。因此资源互补能够成为基于虚拟联盟的互动融合动力源之一。

②风险分担。参与互动融合是企业进行创新活动的表现，但阻碍创新的一个重要因素就是较高的风险。目前两产业互动融合发展程度仍未达到深度

融合的层次，还存在较多共性技术问题有待解决，如专业设备的测试、检修以及回收等。因此，具有共性问题或需求的装备制造业企业或生产性服务业企业间可以通过虚拟联盟的形式结合，进行技术、资金、人力资源的共享，分担互动融合技术研发可能带来的风险。

③利益共享。当企业间形成联盟后，联盟会依据自身发展的需要有选择地吸纳具有技术优势、资源优势、行业领先优势的企业或其他机构入盟，联盟内企业能够享受更多且不易获得的各类资源，因此，利益共享也有可能是驱动基于虚拟联盟的互动融合动力源。

（2）外部动力源。基于虚拟联盟的互动融合外部动力源可从以下方面进行分析。

①政策驱动。装备制造业与生产性服务业互动融合有利于增强我国装备制造业在国际市场上的比较优势，政府通过政策对其进行指导和干预并不意味着要破坏市场竞争机制，而是通过因势利导满足这一过程中各方的需要，协调装备制造业与生产性服务业互动融合市场上企业的行为。并且，目前试点政策在我国一些促进产业发展的政策文件中出现的次数愈加频繁，由此可知，政策驱动也有可能是基于虚拟联盟的互动融合动力源。

②市场竞争。目前我国装备制造所面临的市场竞争压力一部分来源于国内市场，另一部分来源于国外市场，都呈现出日益深化的趋势。我国装备制造业普遍存在装备产品较为低端、差异小的特点，使得我国装备制造业产品在中低端市场的竞争异常激烈，难以参与高端市场的竞争。两产业间的互动融合能够在一定程度上缓解这一困境，因此能够成为动力源之一。

③市场需求。装备制造业是知识、技术密集型产业，并且具有生产环节多、价值链衔接紧密等特点，这也决定了其用户需求更加多样化、个性化。基于虚拟联盟的互动融合能够迎合市场的变化，更好地满足市场需求，进而提高企业自身竞争力。

④科技进步。网络技术及信息技术的发展使得大量技术创新被广泛应用在装备制造业与生产性服务业发展中，依托网络信息平台的技术扩散使技术创新在装备制造业与生产性服务业之间实现快速转移，模糊了两产业之间的界限。因此，科技进步能够成为基于虚拟联盟的互动融合的重要动力源之一。

3.1.2　基于虚拟联盟的产业融合动力模型构建

由上面分析可知，资源互补、风险分担、利益共享是基于虚拟联盟的装备制造业与生产性服务业融合的内生性动力，能够为两产业融合提供重要动力；而政策驱动、市场竞争、市场需求和科技进步是虚拟联盟的装备制造业与生产性服务业融合的外源性动力，同样为两产业融合提供重要动力。其中，政策驱动可以通过政府制定的相关产业联盟政策（如对两产业资源互动行为进行鼓励和规范）间接为两产业融合提供动力。两产业的科技进步使得彼此间资源互补环节拓展，进一步促进两产业的融合发展。同时，市场竞争和市场需求程度的增强促使企业为了满足市场需求提升竞争优势而进行产品服务的创新和转型，而这也意味着企业将面临更大风险。此时，由于联盟在风险分担方面的优势使得装备制造业企业与生产性服务业企业有效规避分享。由此，基于虚拟联盟的两产业融合动力不仅直接推动两产业融合发展，还通过间接作用推动两产业的融合发展。据此，本书共提出 11 项假设：

H1：资源互补（RC）为基于虚拟联盟的两产业融合（IF）提供动力；

H2：风险分担（RS）为基于虚拟联盟的两产业融合（IF）提供动力；

H3：利益共享（BS）为基于虚拟联盟的两产业融合（IF）提供动力；

H4：政策驱动（PD）为基于虚拟联盟的两产业融合（IF）提供动力；

H5：市场竞争驱动（MCD）为基于虚拟联盟的两产业融合（IF）提供动力；

H6：市场需求（MD）为基于虚拟联盟的两产业融合（IF）提供动力；

H7：科技进步（STP）为基于虚拟联盟的两产业融合（IF）提供动力；

H8：政策驱动（PD）同时通过对资源互补（RC）作用为基于虚拟联盟的两产业融合（IF）间接提供动力；

H9：科技进步（STP）同时通过对资源互补（RC）作用为基于虚拟联盟的两产业融合（IF）间接提供动力；

H10：市场需求（MD）同时通过对风险分担（RS）作用为基于虚拟联盟的两产业融合（IF）间接提供动力；

H11：市场竞争驱动（MCD）同时通过对风险分担（RS）作用为基于虚拟联盟的两产业融合（IF）间接提供动力。

通过以上假设，本书构建基于虚拟联盟的装备制造业与生产性服务业融合动力理论模型，如图 3 - 1 所示，本书共提出 11 项假设，其中，7 项假设是各动力对基于虚拟联盟的两产业融合的直接动力作用，4 项假设是各动力对基于虚拟联盟的两产业融合的间接动力作用。图 3 – 1 中的实线代表各直接动力作用假设，虚线代表间接动力作用假设。" + "代表各动力对基于虚拟联盟的两产业融合的正向驱动作用。

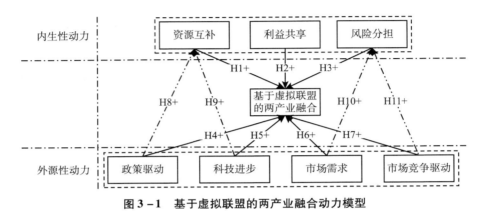

图 3 – 1　基于虚拟联盟的两产业融合动力模型

资料来源：笔者自制。

3.1.3　基于虚拟联盟的产业融合动力模型假设检验与结果分析

1. 基于虚拟联盟的装备制造业与生产性服务业融合动力模型验证

动力模型验证主要从三方面进行。

（1）研究样本。研究样本包括方法选择、变量分析和数据三个方面。

①方法选择。基于虚拟联盟的互动融合是一个由多种动力共同作用的复杂系统，各动力之间还可能存在相互作用的关系。部分涉及的动力难以被准确、直接地测量，用传统的统计分析方法不能妥善处理这些潜变量。结构方程模型能够将所有外生变量和内生变量中的信息都予以考虑，具备可以同时处理多个多组因变量、允许自变量和因变量含有测量误差、能同时估计因子间的结构和因子间的关系、允许更大弹性的测量模型以及能估计整个模型的拟合程度等优点。因此，使用结构方程模型（structural equation model, SEM）对基于虚拟联盟的互动融合动力模型进行研究较为适宜。

②变量分析。装备制造业与生产性服务业互动融合动力模型中，存在八个潜在变量，其中外衍潜在变量有五个，分别为利益共享、政策驱动、市场

竞争、市场需求以及科技进步；中介变量有两个，分别为资源互补和风险分担；内衍潜在变量为基于虚拟联盟的互动融合。在此基础上，本书对潜变量的观测变量进行选择，如表 3 - 1 和表 3 - 2 所示。

表 3 - 1　　　基于虚拟联盟的融合动力模型潜在变量及观测变量（1）

代码	潜变量名称	潜变量种类	观测变量数目	观测变量
RC	资源互补	中介变量	4	技术资源互补
				知识资源互补
				人力资源互补
				资金资源互补
RS	风险分担	中介变量	3	新市场进入难易程度
				新技术研发投入
				潜在竞争对手体量
BS	利益共享	外衍潜在变量	2	有形利益共享
				无形利益共享
PD	政策驱动	外衍潜在变量	3	进入壁垒降低
				融合平台建立
				资金支持政策
MCD	市场竞争驱动	外衍潜在变量	4	新产品开发速度
				市场份额
				主要竞争对手数量
				价格竞争程度
MD	市场需求	外衍潜在变量	3	市场需求种类
				市场需求层次
				市场需求易满足性
STP	科技进步	外衍潜在变量	3	产品服务创新
				成果转化速度
				网络需求程度
IF	基于虚拟联盟的互动融合	内衍潜在变量	3	市场融合
				装备与服务融合
				虚拟联盟意愿

资料来源：笔者自制。

表 3 - 2   基于虚拟联盟的融合动力模型潜在变量及观测变量（2）

代码	潜变量名称	观测变量
RC	资源互补	技术资源互补
		知识资源互补
		人力资源互补
		资金资源互补
RS	风险分担	新市场进入难易程度
		新技术研发投入
		潜在竞争对手体量
BS	利益共享	有形利益共享
		无形利益共享
PD	政策驱动	进入壁垒降低
		融合平台建立
		资金支持政策
MCD	市场竞争驱动	新产品开发速度
		市场份额
		主要竞争对手数量
		价格竞争程度
MD	市场需求	市场需求种类
		市场需求层次
		市场需求易满足性
STP	科技进步	产品服务创新
		成果转化速度
		研发投入
IF	基于虚拟联盟的互动融合	市场融合
		装备与服务融合
		虚拟联盟意愿

资料来源：笔者自制。

③数据。本书所使用的数据均来自基于虚拟融合的装备制造业与生产性服务业互动融合动力调查问卷。根据上面拟定的理论模型设计初步调查问卷，通过专家评审、小组讨论以及模拟试填等步骤对问卷内容进行不断修改，形成最终调查问卷。共发放问卷 385 份，收回 331 份，回收比例

86.0%，其中有效问卷305份，有效回收比例为92.1%。有效问卷中，装备制造业相关从业人员占比32.2%、生产性服务业相关从业人员占比28.9%、客户企业相关人员占比13.5%、高校相关研究人员占比7.6%、科研机构人员占比11.3%、政府相关人员占比6.5%。

（2）信效度分析。信效度分析主要包括信度分析和效度分析。

①信度分析。信度分析的本质是检验样本是否真实作答研究者设置的量变题项，因此，信度能够体现测验结果的可信程度、可靠程度和稳定性。目前，检验信度最常用的方法为判断克朗巴哈系数（Cronbach's a）系数值，当系数值大于0.7时就认为样本测验结果是可靠的。在此，本书利用SPSS23.0对数据进行处理，得到Cronbach's a系数，如表3-3所示。由表3-3可知，各量表变量的Cronbach's a系数均大于0.7，且总量表系数也大于0.7，此外本量表具有各维度的a系数也都大于或接近0.7，说明量表具有良好的可信度和稳定性。

表3-3　　　　　　　　　　量表信度分析

变量	平均值	标准差	克朗巴哈系数
RC	10.87	1.034	0.749
RS	11.56	1.231	0.772
BS	12.43	1.196	0.736
PD	11.33	1.012	0.755
MCD	10.06	1.127	0.801
MD	12.77	1.454	0.764
STP	13.19	1.236	0.812
IF	12.05	1.107	0.793
总量表	94.26	9.397	0.818

资料来源：SPSS软件统计输出。

②效度分析。效度分析一般包括三方面内容：内容效度、聚合效度（也称收敛效度）和区分效度。内容效度主要反映量表中的题项设置与所要观测的内容的吻合程度，是量表设计质量的重要体现。本书量表设计是经过大量文献梳理，总结国内外成熟量变并经过专家通过后设计得到，且在做正

式调研之前，对问卷进行了预发放，根据结果对量表题项进行修改，得到最终量表，因此，本书使用的量表具有良好的内容效度。聚合效度主要反映量表中一个构念下的指标是否能共同反映该构念，如果聚合效度差，则说明不能用这些指标来共同反映该构念。在此，本书利用AMOS24.0进行验证性因子分析，结果如表3-4所示，由表3-4可知，良适性适配指数（goodness of fit index，GFI）指标值、比较拟合指数（comparative fit index，CFI）指标值、规范拟合指标（normed fit index，NFI）指标值均大于0.90，均方根误差（root mean square residual，RMR）指标值小于0.05，且所有构念下指标的因子载荷均满足显著性要求，借鉴格芬等（Gefen et al.）的研究，各构念可以被其下题项指标共同解释，因此，量表具有良好的聚合效度。

表3-4　　　　　　　　量表的验证性因子分析

构念指标		因子载荷	契合度指标
RC	RC1	0.523 ***	GFI = 0.989；RMR = 0.000；NFI = 0.991；CFI = 1
	RC2	0.568 ***	
	RC3	0.712 ***	
	RC4	0.664 ***	
RS	RS1	0.606 ***	GFI = 0.956；RMR = 0.004；NFI = 0.936；CFI = 0.927
	RS2	0.514 ***	
	RS3	0.559 ***	
BS	BS1	0.685 ***	GFI = 0.974；RMR = 0.009；NFI = 0.982；CFI = 0.934
	BS2	0.696 ***	
PD	PD1	0.647 ***	GFI = 0.961；RMR = 0.000；NFI = 0.915；CFI = 0.996
	PD2	0.701 ***	
	PD3	0.724 ***	
	PD4	0.681 ***	
MCD	MCD1	0.803 ***	GFI = 0.975；RMR = 0.013；NFI = 0.987；CFI = 1
	MCD2	0.752 ***	
	MCD3	0.746 ***	
	MCD4	0.699 ***	

续表

构念指标		因子载荷	契合度指标
MD	MD1	0.652 ***	GFI = 0.964；RMR = 0.018；NFI = 0.921；CFI = 1
	MD2	0.709 ***	
	MD3	0.684 ***	
STP	STP1	0.736 ***	GFI = 0.947；RMR = 0.007；NFI = 0.954；CFI = 0.963
	STP2	0.718 ***	
	STP3	0.679 ***	
IF	IF1	0.548 ***	GFI = 0.984；RMR = 0.025；NFI = 0.933；CFI = 0.972
	IF2	0.602 ***	
	IF3	0.581 ***	
	IF4	0.619 ***	

注：*** 表示在1%的水平上显著。

资料来源：AMOS 软件统计输出。

　　本书利用单群组生成限制模型和非限制模型，通过测度和比较限制模型和非限制模型的卡方值及其差值，来判断量表的区别效度。一般来讲，若两者的差值越大且呈显著差异，则说明限制模型和非限制模型有显著的不同，而未限制模型的卡方值越小，则能够反映出构面间的相关性越低，即构面间的区别越大，量表的区别效度就越高。本书生成限制模型和非限制模型的卡方值及其差值结果，结果显示，每组构念的卡方差值均满足显著性要求，且未限制模型卡方值较小。据此，本书量表具有良好的区别效度。

　　（3）模型拟合过程。在对构建模型进行假设检验之前，首先需要对模型的拟合度进行评估，判断构建模型的合理性。在此，本书参照吴明隆、文东华所提出的拟合度评价指标，选择卡方与自由度比值 $\left(\dfrac{\chi^2}{df}\right)$、近似误差均方根（root mean square error of approximation，RMSEA）、GFI、非范拟合指数（tucker-lewis index，TLI）、CFI、递增拟合指数（incremental fit index，IF）6 类指数评估本书构建模型的拟合度，评估标准及模型拟合度指标值如表 3 - 5 所示。

表 3 – 5   评估标准及模型拟合度指数值

拟合度评估项	拟合度指标值	评估标准	评估结果
$\dfrac{\chi^2}{df}$	1.466	<2.00	符合
RMSEA	0.145	<0.1	不符合
GFI	0.918	>0.90	符合
TLI	0.986	>0.90	符合
CFI	0.927	>0.90	符合
IFI	0.834	>0.90	不符合

资料来源：AMOS 软件统计输出。

    由表 3 – 5 可以看出，本书构建的模型拟合效果并不理想，其中，RM-SEA、IFI 评估项指标值没有满足模型拟合度评估标准，且在假设路径中，MD→IF 的间接路径系数并不显著，因此，需要对初始模型进行修正，使模型的拟合度达到结构方程模型拟合度评估标准。

    在适配度指标无法与观察数据适配时，需要对没有达到显著性水平的路径进行删除。在上面拟合路径中，H10 的路径系数并不显著，因此，借鉴吴明隆的做法，删除该路径。同时，为避免犯因数据驱使（data-driven）带来的错误，对路径的合理性再次进行理论分析。通过分析，市场需求驱使可以在一定情况下通过作用于风险分担为基于虚拟联盟的两产业融合提供间接动力。但当市场需求水平较低时，装备制造业与生产性服务业完全可以通过正常供应链或自身价值链的简单延伸满足市场需求而不会承担过多风险，此时，虚拟联盟下的风险分担优势则不能很好地为两产业融合提供正向驱动作用，且由于联盟中有风险承担就有利益的共享，在市场需求水平较低时，更多的企业会基于利润最大化原则选择独占利润，在该机制作用下，市场需求不仅不会通过作用于风险分担而为两产业融合提供正向驱动力，相反，可能会由于触发了利益分担的反向作用而阻碍市场需求为两产业融合提供正向驱动力。据此，本书选择将该路径删除。对模型进行修正，得到修正后拟合度指数如下：$\dfrac{\chi^2}{df} = 1.570 < 2$，RMSEA = 0.073 < 0.1，GFI = 0.924 > 0.9，TLI = 0.978 > 0.9，CFI = 0.912 > 0.9，IFI = 0.916 > 0.9。可见，以上反映模型拟合度的指标值都达到了相应标准，且修正后的所有动力路径系数均已满足 0.05 的显著，如图 3 – 2 所示。

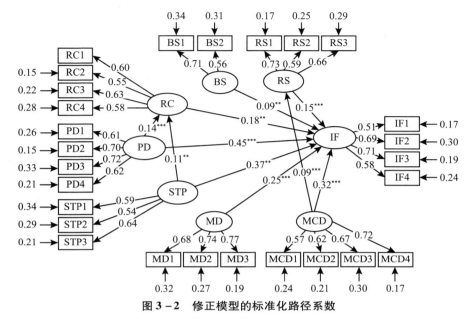

图 3 - 2　修正模型的标准化路径系数

注：*** 、** 分别表示在 1%、5% 的水平上显著。
资料来源：AMOS 软件统计输出。

2. 基于虚拟联盟的装备制造业与生产性服务业融合动力模型假设检验

基于修正模型，对上面提出的基于虚拟联盟的两产业融合动力作用假设进行检验，得到假设检验结果如表 3 - 6 所示。由表 3 - 6 可知，C. R. 值最小为 3. 15，标准化路径系数全部通过了显著性统计检验（C. R. >1. 96，即表示此估计的标准化路径系数在 0. 05 水平上是显著的）。可见，本书提出的 7 个直接动力假设均得到验证，即资源互补（RC）、风险分担（RS）、利益共享（BS）、政策驱动（PD）、市场竞争驱动（MCD）、市场需求驱动（MD）、科技进步（STP）对基于虚拟联盟的装备制造业与生产性服务业融合均起到正向驱动作用。

表 3 - 6　　　　　　　　　　修正模型的假设检验

假设	路径代码	标准化路径系数	C. R.	检验结果
H1	RC→IF	0. 18	3. 56	支持
H2	RS→IF	0. 15	4. 82	支持
H3	BS→IF	0. 09	3. 15	支持

续表

假设	路径代码	标准化路径系数	C. R.	检验结果
H4	PD→IF	0.59	4.12	支持
H5	MCD→IF	0.41	3.37	支持
H6	MD→IF	0.25	5.11	支持
H7	STP→IF	0.48	4.18	支持

资料来源：AMOS 软件统计输出。

进一步地，对标准化路径系数进行分析，以便更准确、全面地分析各动力对基于虚拟联盟的装备制造业与生产性服务业融合的动力作用。在此，标准化路径系数为总效应（total effect），将其分解为直接效应（direct effect）和间接效应（indirect effect），具体如表 3-7 所示。可见，在基于虚拟联盟的装备制造业与生产性服务业融合的 7 个动力中，政策驱动（PD）、市场竞争驱动（MCD）和科技进步（STP）不仅表现出直接驱动作用，同时表现出间接驱动作用，研究结果同样支持假设 H8、假设 H9 和假设 H11。

表 3-7　　　　　　　　　　各动力标准化效应

动力路径	直接效应	间接效应	总效应
RC→IF	0.18	—	0.18
RS→IF	0.15	—	0.15
BS→IF	0.09	—	0.09
PD→IF	0.45	0.14	0.59
MCD→IF	0.32	0.09	0.41
MD→IF	0.25	—	0.25
STP→IF	0.37	0.11	0.48

资料来源：AMOS 软件统计输出。

3. 实证结果分析

本书提出基于虚拟联盟的装备制造业与生产性服务业融合动力假设，并据此构建了基于虚拟联盟的装备制造业与生产性服务业融合动力理论模型，在此基础上，运用结构方程模型（structural equation modeling，SEM）进行实证检验，结果支持了相关假设。实证分析结果如下。

（1）资源互补对基于虚拟联盟的两产业融合有正向驱动效应，其标准化效应值为 0.18，表现为直接效应。实际上，市场中没有任何一家企业可以做到拥有完备的供应体系，尤其对于装备制造业，高技术含量、产品极具复杂性是其重要特征，在这种情况下，装备制造业企业更需要优势资源的互补以弥补自身不足，而虚拟联盟在资源互补方面所表现出的优势则满足了该需求，体现出了对装备制造业与生产性服务业的融合发展有重要推动作用。

（2）风险分担对基于虚拟联盟的两产业融合有正向驱动效应，其标准化效应值为 0.15，表现为直接效应。对于装备制造业而言，在市场对服务型产品需求扩张的刺激下，会选择延长自身价值链，涉足服务型制造业，这意味着装备制造业要涉足同自身领域不直接相关甚至完全不相关的领域，无疑增加了装备制造业的风险，而虚拟联盟下，装备制造业与生产性服务业基于联盟关系，通过互补彼此优势资源，而不是尝试在新领域进行"探险"，使装备制造业企业有效规避因涉足新领域或调整组织结构等带来的风险。据此，风险分担能够正向驱动基于虚拟联盟的两产业融合发展。

（3）利益共享对基于虚拟联盟的两产业融合有正向驱动效应，其标准化效应值为 0.09，表现为直接效应。利益共享对基于虚拟联盟的两产业融合有正向驱动效应主要是因为在虚拟联盟中，企业可以基于联盟形成知识或技术的垄断，这种垄断会增加联盟中装备制造业和生产性服务业的利益，因此可以看到，利益共享的背后并非是固有利益被分走，而是通过做大"蛋糕"得到更多收益。因此，利益共享表现出对基于虚拟联盟的两产业融合有正向驱动效应。

（4）政策驱动对基于虚拟联盟的两产业融合有正向驱动效应，其总标准化效应值为 0.59，是所有动力驱动效应值中最大的，说明政策驱动对基于两产业融合的驱动作用最强。政策驱动对两产业互动融合的驱动作用能够通过直接作用体现，同时，也能为基于虚拟联盟的两产业融合提供间接提供动力。其中，直接驱动呈现主要驱动作用，标准化效应值达到 0.45，间接驱动的标准化效应值为 0.14，同样体现出对基于虚拟联盟的两产业融合的重要驱动作用。

（5）市场竞争驱动对基于虚拟联盟的两产业融合有正向驱动效应，其总标准化效应值为 0.41，既表现为直接作用，也表现出间接作用，其中，直接作用的标准化效应值为 0.32，间接作用的标准化效应值为 0.09。对于市场竞争对两产业融合的直接驱动作用，市场竞争越强，企业为能够在激烈的竞争中脱颖而出，越会寻求途径增强竞争优势，而生产性服务业自身高附加值、高知识和技术含量的特点无疑会吸引装备制造业，两产业在市场竞争驱动下更容易发生；而市场竞争作用下装备制造业与生产性服务业企业寻求构建竞争优势则可能隐藏着潜在风险，此时，联盟风险承担的优势则能够有效规避由此带来的风险，间接促进两产业的融合发展。

（6）市场需求对基于虚拟联盟的两产业融合有正向驱动效应，其标准化效应值为 0.15，表现为直接效应。作为外生性动力源，市场需求是驱动基于虚拟联盟的两产业融合的根本动力，只有在市场对"融合型产品"产生新的需求时，两产业才会考虑是否为满足市场需求而进行基于虚拟联盟的融合。因此，市场需求是基于虚拟联盟的两产业融合的最根本动力，表现出正向驱动作用。

（7）科技进步对基于虚拟联盟的两产业融合有正向驱动效应，其总标准化效应值为 0.48，既表现为直接作用，也表现出间接作用，其中，直接作用的标准化效应值为 0.37，间接作用的标准化效应值为 0.11。当科技进步发生在两产业边界处，产业边界变得模糊，两产业融合更容易发生；两产业的科技进步使得联盟内两产业彼此间资源互补环节得以拓展，两产业的融合基本面扩张，间接促进两产业的融合发展。

3.2 内生性动力作用机制

3.2.1 资源互补的驱动作用

资源基础理论指出，企业是各种有形资源与无形资源的集合体，企业可将所拥有的资源转变成自身独一无二的能力，而这种能力就是企业在市场竞争中依靠的优势源泉。当企业面对复杂、难以决策的状况时，可以通过组织学习、知识管理以及建立外部网络等渠道来获取特殊的资源。其中，建立外部网络以便捷、低成本等优势得到了诸多关注，其实现方式包括建立战略联盟、知识联盟等，通过与其他企业或组织的合作为企业注入新活力。

资源基础理论能够为分析资源互补在基于虚拟联盟的两产业互动融合中所起到的驱动作用提供必要的理论依据。依据本书对虚拟联盟的定义，其存在的目标之一就是进行资源互补，因此基于虚拟联盟的装备制造业与生产性服务业互动融合是建立在获取资源这一使命之上的。资源基础理论中存在一个"VRIO"法则，即联盟成员间的资源互补会催生出具备有价值、稀缺、难以被模仿和组织化四大特征的资源。装备制造业与生产性服务业的互动融合会打破原有的企业和产业边界，在这一过程中处于虚拟联盟中的企业会先接触到新的经济联合体所拥有的符合"VRIO"原则的稀缺资源，这也可以认定为进行资源互补所带来的资源再创造。

有学者指出，资源互补是伙伴企业间互相弥补资源上的不足以更好地实现商业目标。装备制造业与生产性服务业的知识密集、技术密集等行业特性决定了两产业的互动融合存在着大量的知识交换与分享，相对于资金资源的互补来说，更多的是知识性资源的互补。结合福琼和米切尔（Fortune and Mitchell）与孙彪的研究，将知识性资源分为技术、市场与管理三方面，下面分别探讨这三方面在基于虚拟联盟的两产业互动融合中所起到的驱动作用。

前面在关于装备与服务融合的分析中提到，两产业的技术融合推动了装备与服务融合，并且这种技术融合既可以由装备制造业主导也可以由生产性服务业主导。同样，基于虚拟联盟的融合也可以存在不同的技术互补主导方。在装备制造业为技术互补主导方的情况下，虚拟联盟的成立或结合主要是为了满足装备制造业的技术需求，装备制造业希望通过虚拟联盟的建立获取生产性服务业所能提供的检测、试验、调试、软件开发等专业技术，而这种专业技术依靠装备制造业自身开发需要花费巨大成本，虚拟联盟下的技术资源互补有利于装备制造业将成本控制在可预期的范围内。在生产性服务业为技术互补主导方的情况下，虚拟联盟作为一个良好的平台，承担着为生产性服务业提供技术试验、技术改进场所以及与装备制造业进行技术交换的功能。从实际生产的角度来看，生产性服务业所能提供的技术较装备制造业的发展往往更加前沿和理想化，但新技术需要经过反复测试才能投入实际生产，否则将会给装备制造业与生产性服务业双方造成严重的经济损失，因此，虚拟联盟中的生产性服务业可以与装备制造业进行技术学习以及技术互补，将双方所掌握的技术进行综合，寻求更大的经济效益，为基于虚拟联盟的两产业互动融合提供更广阔的合作可能。

市场资源互补所起到的驱动作用相对来说较为平衡，即无论是对装备制造业还是对生产性服务业，在市场资源互补这一目的下实现的基于虚拟联盟的融合都能够为其提供另一半成熟且广阔的新市场。对于装备制造业与生产性服务业企业来说，无论是产品融合还是技术融合，其最终目的都是开拓市场蓝海或找到切入市场的方向，这一过程需要耗费巨大的成本。装备制造业与生产性服务业进行虚拟联盟能够推动联盟内企业间的市场信息交流，共享各自经营领域中的市场资源，有助于联盟内各企业的跨市场发展并不断开发融合型产品，直接推动两产业互动融合。

相对而言，管理资源互补的驱动作用主要建立在相关生产性服务业企业具备装备制造业企业所不擅长的专业能力之上。装备制造业企业要想拓宽自身装备产品的经营领域、增加装备产品的价值增值环节，除了需要在技术和产品等方面与生产性服务业企业进行互动，一个容易被忽视的方面是企业在管理层面也需要进行对应的调整。陕鼓集团的经验表明，管理层面的改革往往需要在产品转型之前进行，各部门明确管理职责能够更好地指导产品融合创新。从装备制造业发展的历程角度来看，与生产性服务业企业进行技术和产品融合是我国为了跟随国际制造业发展趋势而提出的新要求。虚拟联盟无疑为装备制造业企业享受生产性服务业企业专业的管理服务提供了更加便利的渠道，一方面，虚拟联盟作为一种保障，能够对生产性服务业企业所提供的专业管理服务起到质量监督的作用；另一方面，虚拟联盟中各主体的目标是一致的，向装备制造业企业提供专业管理服务的生产性服务业企业也能与其他主体形成较为顺畅的沟通网络，从整体上看，处于这一位置的生产性服务业企业在两产业互动融合之前起着"黏合剂"与"润滑剂"的作用。通过以上分析可判断，管理资源互补在基于虚拟联盟的两产业互动融合中起着重要的驱动作用。

3.2.2　风险分担的推动作用

依据前面对于虚拟联盟的定义，虚拟联盟是两个或两个以上具有共同战略利益体间的联盟，也就是说，既可以是装备制造业企业间的联盟，也可以是生产性服务业企业间的联盟，还可以是两种企业之间的联盟。因此，分析风险分担在基于虚拟联盟的两产业互动融合过程中的推动作用，大致可从以下三方面进行。

第一，装备制造业企业间的虚拟联盟。在这种情况下，联盟的成立多为分担互动融合的成本风险。装备制造业企业初涉与自身业务相关但不熟悉的领域时，往往需要冒着巨大的风险，而寻找一个具有相同意愿或是经验的伙伴是一种便捷的风险化解形式。装备制造业企业的一个特点就是价值链环节较多、价值链长度较长，企业之间更多的是形成一种协同关系而非竞争关系，这为虚拟联盟的成立提供了客观基础。虚拟联盟伙伴的选择范围较广，一旦成立了虚拟联盟且部分价值链环节得到较为紧密的衔接后，便可将其看作是一个运转良好的生态系统与生产性服务业进行整体的互动融合。这种部分价值链环节与生产性服务业进行的整体型融合能够在所产生的融合技术或融合产品之间起到互补作用，发挥"齿轮型"的匹配效应，不仅在一定程度上避免了企业单独融合的风险，甚至会演化为企业独特的竞争优势。

第二，生产性服务业同类企业间的虚拟联盟。与装备制造业同类企业间的虚拟联盟类似，生产性服务业与同类企业间的虚拟联盟同样能够为其分担互动融合的风险。生产性服务业是指为保持工业生产过程的连续性，促进工业技术进步、产业升级和提高生产效率提供保障服务的服务行业，因此进行互动融合不仅要利用自身的技术或服务帮助装备制造业发展，更要不断提供新技术、新服务、新产品帮助装备制造业开发市场的潜在需求。与装备制造业企业不同的是，生产性服务业企业所提供的专业技术或服务没有实体，企业间难以形成因产品价值环节带来的传统价值链上下游关系。并且，生产性服务业企业通常有着技术知识高度密集、企业规模精简等特点，这在保证了其所掌握的技术与服务专业性极强的同时，也限制了单一企业的抗风险能力，无论是日常的技术研发活动还是服务能力提升，稍有不慎都有可能导致企业资金链断裂等风险出现。同类生产性服务业企业间虚拟联盟的成立能够较为直接地将这种风险分解，联盟内企业在共同开发各类适配于装备产品的融合型技术或融合型服务时，可通过平均分担、赋权分担、风投分担等多种形式分担可能产生的风险，为产业间互动融合提供更加高效、可持续的保障。

第三，装备制造业企业与生产性服务业企业间的虚拟联盟。相对于前两种虚拟联盟的形式，这种形式下的交流更加便捷，联盟内企业间响应更加迅速。并且由于契约或协议的存在，虚拟联盟内各企业间合作的稳定性也能够得到相应的保障。此外，当地政府也可将虚拟联盟内企业所进行的互动融合视为破除部分客观制度障碍的"试点"，虚拟联盟内企业互动融合积累的经验可以为政府制定相应政策、推动两产业融合提供部分参考，从政策层面提供相应保障，降低产业互动融合的风险。因此，建设装备制造业相关上下游企业和生产性服务业企业的虚拟联盟，除了能够帮助联盟内的企业减少因合作伙伴不稳定带来的风险外，还能够间接地推动两大产业间的数据信息共享和网络协同制造，提供各类配套服务，为两产业融合提供信息数据支持、应用支持和标准支持。

3.2.3　利益共享的带动作用

企业是以营利为目的、运用各种生产要素向市场提供产品或服务的法人或其他社会经济组织，从这一角度出发，当企业有机会与其他企业共享所得利益时，必然会促使其采取相应行动，对于装备制造业与生产性服务业互动融合同样如此。但一个较为棘手的问题是，对于产业来说，互动融合需要大量企业进行持续发展才能够逐渐实现，而这需要建立在双方企业都能从中获益的基础之上，当行业内的资源处于零散分布的状态时，双方企业怎样用一种较为便捷的、成本较小的方式避免利益损失呢？

虚拟联盟这一形式为以上问题提供了较为合理的解决方案。相较于装备制造业企业与生产性服务业企业间单纯的合作，建立虚拟联盟能够通过签订合约等形式对联盟内企业进行约束，通过人为设立的"边界"保证联盟内企业的互动融合产品或服务在市场上的独特性，进而实现利益共享。一方面，从互动角度出发，基于虚拟联盟的装备制造业企业与生产性服务业企业的互动能够催生具有独特性的新产品或新服务出现，并以更快的速度流向市场，装备制造业企业能够从中获取高于装备产品自身的增加值，而生产性服务业企业则找到了自身服务或技术的"载体"，通过增加装备产品价值生产环节从中获取利益；另一方面，当互动过渡到更高级的融合形式时，虚拟联盟内生产性服务业的"权限"随之增加，具体表现为不仅依托装备产品开展活动，而是通过对装备制造业企业价值链的梳理与整合，紧紧嵌入与装备产品相关的各环节中，如企业生产过程中所需的数据处理与储存、软件开发与设计、装备产品租赁、企业管理与咨询、技术开发测试与推广等。这一过程使得联盟内装备制造业企业价值环节实现了具有比较优势的再创造，生产性服务业企业也扩大了自身经营纵深，实现了双赢。

为了更清楚地阐明利益共享对基于虚拟联盟的两产业互动融合的带动作用，采用柯布—道格拉斯生产函数，运用经济学领域相关理论模型进一步分析。将装备制造业企业记做 e，生产性服务业企业记做 p，则企业的产出可表示为：

$$Q = F(K, L) = AK^{\alpha}L^{\beta}, \ 0 < \alpha < 1, \ 0 < \beta < 1 \qquad (3-1)$$

其中 A 为技术水平，K 为资本投入，L 为劳动力投入。装备制造业企业与生产性服务业企业的互动融合能够提高单独一方企业的技术或服务水平，进而获取利润。但是进行互动融合同样存在一定风险，如果融合产品得到了较好的市场反响或带来了预期收益，则看作融合成功，将成功率记为 $\rho(0 < \rho < 1)$。依据风险决策模型可知，企业产出的数学期望服从 0~1 分布，假设互动融合成功能够使企业产出翻倍，失败对产出无影响，那么企业产出的数学期望具体如下：

$$E = \rho[2F(K, L)] + (1 - \rho)F(K, L) = (1 + \rho)AK^{\alpha}L^{\beta} \qquad (3-2)$$

式（3-1）与式（3-2）联立可知互动融合后，联盟内的装备制造业企业与生产性服务业企业产出的数学期望如下：

$$Q'_e = (1 + \rho)Q_e, \ Q'_p = (1 + \rho)Q_p \qquad (3-3)$$

则装备制造业企业与生产性服务业企业进行互动融合后的利润增加值为：

$$\Delta\pi_e = \rho F_e - I, \ \Delta\pi_p = \rho F_p - I \qquad (3-4)$$

根据式（3-4）可知，只有当 $\Delta\pi_e > 0$，$\Delta\pi_p > 0$ 时，装备制造业企业与生产性服务业企业的互动融合才可视作成功。为了简化分析，以下仅考虑一对一情况下的虚拟联盟，即联盟内仅有一家装备制造业企业与一家生产性服务业企业，引入融合效应 $\mu(\mu > 0)$，μ 越大融合效应越强，假设装备制造业企业自身技术能力为 A_e，生产性服务业企业的服务能力为 A_p，那么二者进行互动融合后出现的"制造 + 服务"水平则记为 $\mu(A_e + A_p)$，两企业的产出分别为：

$$F_e(K, L) = \mu(A_e + A_p)(1 + \rho)AK_e^{\alpha}L_e^{\beta} \qquad (3-5)$$

$$F_p(K, L) = \mu(A_e + A_p)(1 + \rho)AK_p^{\alpha}L_p^{\beta} \qquad (3-6)$$

假定装备制造业企业所提供的装备产品价格为 m_e，生产性服务业企业所提供的服务产品价格为 m_p，与不进行互动融合相比，成立虚拟联盟的两个企业利润增加值分别为：

$$\Delta\pi_e = m_e[\mu(A_e + A_p) - A_e](1 + \rho)AK_e^{\alpha}L_e^{\beta} \qquad (3-7)$$

$$\Delta\pi_p = m_p[\mu(A_e + A_p) - A_p](1 + \rho)AK_p^{\alpha}L_p^{\beta} \qquad (3-8)$$

为了使虚拟联盟内的装备制造业企业与生产性服务业企业通过互动融合获得收益，要求 $\Delta\pi_e > 0$，$\Delta\pi_p > 0$，即要求 $\mu(A_e + A_p) - A_e > 0$，$\mu(A_e +$

$A_p) - A_p > 0$。为保证这一要求能够成立，则期望 μ 值尽可能大。现实中陕鼓集团等企业已经证明了与生产性服务业进行融合产生的整体效应大于部分效应之和，即：

$$\mu(A_e + A_p) > A_e + A_p \qquad (3-9)$$

结合上式可推出：

$$\mu(A_e + A_p) - A_e > (A_e + A_p) - A_e > 0 \qquad (3-10)$$

$$\mu(A_e + A_p) - A_p > (A_e + A_p) - A_p > 0 \qquad (3-11)$$

由此可知，$\mu(A_e + A_p) - A_e > 0$，$\mu(A_e + A_p) - A_p > 0$ 存在能够成立的条件，即利益共享能够成为有效推动基于虚拟联盟的互动融合的动力，并且基于虚拟联盟的互动融合能够实现 $1+1>2$ 的效应。

3.3　外源性动力作用机制

3.3.1　政策推动力对融合的驱动作用

对于装备制造业与生产性服务业来说，虽然基于虚拟联盟的互动融合具体表现为企业之间的协同发展、合作共赢，但归根到底仍然属于产业问题，因此相关政策所起的作用也是为了产业的进一步发展。社会网络理论中存在"多边经纪角色"的概念，扮演这一角色的组织或个人在网络中是各类信息与资源的高度集合体，更容易发挥"近水楼台先得月"的效应。虚拟联盟是企业的集合体，因此这一概念用来描述虚拟融合同样契合，当产业中存在虚拟联盟这样的"多边经纪角色"时，则更加容易获得更多的政策红利。因此，政策的实施对虚拟联盟的成立有重要作用。将起驱动作用的相关政策均划为产业政策，从政策工具角度出发，依次分析我国推动产业发展常用的税收优惠、财政补贴、试点示范等不同政策工具所起的不同驱动作用。

税收优惠工具是具有明确政策导向的重要手段，对于两产业互动融合的驱动作用主要通过降低企业经营成本以及研发投资风险两方面实现。从降低企业经营成本角度出发，税收优惠这一政策工具在具体的实施上有较多的形式，包括但不限于税率优惠、加速折旧、投资抵免等，虚拟联盟内的装备制造业企业与生产性服务业企业可以通过相互配合，享受最大的政策组合优惠，直接降低虚拟联盟内企业互动融合的成本。从降低企业研发风险角度出发，根据前面分析，虚拟联盟有装备制造业企业间的联盟、生产性服务业同类企业间的联盟以及两种企业之间的联盟三种形式，但从产出的角度来说，无论选择哪种形式都会存在以下风险：一是由于互动融合技术之间存在共性，技术溢出效应难以避免，研发投资与市场回报不成比例；二是部分融合性技术难度较高，较长的研发周期不能保证产品或技术研发成功后仍然能够满足市场需求、获得预期收益。税收优惠政策工具通常以研发费用加计扣除的形式进行抵免，一定程度上降低了联盟内企业的研发成本。

相对税收优惠工具，财政补贴工具更加直接。考虑到装备制造业与生产性服务业所具备的知识、技术密集的特点，以下分别分析财政补贴工具在物质资本积累和研发投资两方面对基于虚拟联盟的互动融合的驱动作用。政府在物质资本积累方面使用财政补贴工具，这种直接投入带有较强的政府宏观调控信号，相较于单一企业的体量，虚拟联盟的成立无疑能够吸引政府给予更高的关注度，从而获得更多政策支持和政策鼓励，有望实现"虚拟联盟发展—政策支持—企业互动融合—社会及私人投资关注—行业互动融合"的良性循环。政府在研发投资方面使用财政补贴工具，主要表现为政府在融合产品及技术的转移、开发、成果转化等方面所投入资金。具体而言，虚拟联盟所能提供的一个重要便利是联盟内技术成果的交流更加顺畅，科技补贴能够弥补市场调节机制在研发领域的缺陷，为虚拟联盟内的互动融合成果转化及应用提供相应的资金保障。

试点示范是选择运营情况较好的地区、组织或企业等作为某一政策实施观察的样本，起到参照、学习的作用。近年来，试点示范工具在我国产业政策中的运用频率不断提高，已经成为符合我国国情的特色工具。装备制造业与生产性服务业的互动融合是两个产业之间的学习与合作，企业间的虚拟联盟能够以微观的形式将中观层面的互动融合更加直接地表现出来，这与试点示范工具运用的目的不谋而合。因此试点示范工具不仅能够驱动虚拟联盟的建立，对于已建立的虚拟联盟，一方面给予了试点示范的激励作用，另一方面还为虚拟联盟提供了可参考的样本，通过"以点带面"的形式推动两产业互动融合。

通过上述分析可知，在装备制造业与生产性服务业互动融合过程中，每一类政策工具都具有其独立且特殊的作用，同时每一类政策工具都能从不同层面对虚拟联盟和装备制造业与生产性服务业互动融合起到驱动作用。有研究表明，单一政策工具的作用远不及政策工具组合的作用。因此，各类政策工具能够构成一个有机整体，相互配合、相互补充，共同驱动基于虚拟联盟的装备制造业与生产性服务业互动融合。

3.3.2　市场竞争力对融合的扩张作用

在世界各国联系日益紧密的今天，任何一个国家或地区都难以被看作是"孤岛"般的存在。因此，关于市场竞争力对融合的扩张作用，以下分别从国内市场竞争与国际市场竞争两方面进行分析。

通常来说，国内市场竞争能够较为直接地对装备制造业企业与生产性服务业企业间的互动融合产生影响。市场经济的基本特征就是市场竞争，即所有企业均处在竞争之下。我国装备制造业企业与生产性服务业企业在发展的过程中会不断拓展产业间的边界，越来越多的互补性、替代性产品随着融合程度的不断加深逐渐出现在市场上，涉及技术、产品、服务、工艺等多个方面，这些产品给原本较为稳定的市场注入了"新鲜血液"，在两产业的交叉处直接进行市场开发和扩张，给装备制造业企业与生产性服务业企业创造了新的国内竞争市场。

而经济全球化的发展则将竞争扩大到了一国产业在全球价值链的位置之上。在国际分工体系下，一国出口增长存在着名义增长和真实增长两种形式，由于名义增长测算方法的缺陷，往往存在被"高估"的现象；真实增长反映的是一国参与国际分工的能力。我国制造业最初进入全球价值链分工体系多采取低端切入的方式，无论从具体实施还是数据方面看，通常位于技术水平、增加值相对较低的中低端环节。国际市场上制造业与生产性服务业之间的渗透和磨合使得产业边界开始模糊，一些大型跨国公司在产业边界的模糊处开拓了新的产品和市场，给我国装备制造业带来了更大的挑战，同时也为其与生产性服务业的互动融合起到了扩张作用。

3.3.3　市场需求力对融合的拓展作用

基于虚拟联盟的装备制造业与生产性服务业融合的本质是装备制造业企业与生产性服务业企业基于虚拟联盟所做出的应对市场需求的企业行为，这种行为产生的根本动力即是市场需求力。谭顺指出，企业的目标是利润最大化，而利润最大化的根本是能够满足市场需求。当下，随着服务经济的发展以及客户端日益增强的定制化、个性化需求，尤其是对于装备制造业企业的客户群体，由于装备产品的复杂特性，客户群体一般难以全面正确地使用、保养、维修等，使得客户群体对于装备产品有更强的"服务"性质的需求，极大地推动了装备制造业与生产性服务业融合。在虚拟联盟中，装备制造业与生产性服务业在市场需求力的作用下，融合发展面不断拓展。一方面，不断扩大的市场需求力体现在对"产品 + 服务"一体化产品需求数量的不断上升，这会极大地促进两产业基于虚拟联盟的融合发展，因为基于虚拟联盟的两产业融合关系无论是在成本方面还是在效率方面都是最优选择，能够保障装备制造业企业实现利润的最大化；另一方面，不断扩大的市场需求力体现在对"产品 + 服务"一体化解决方案需求种类不断增多上，为此，装备制造业企业要提供更多、更全面的"产品 + 服务"一体化解决方案。以民用航空制造业为例，航空制造业的客户群体航空公司为满足其客户群体在舒适性、安全性等方面的要求，会提出诸多个性化需求，航空制造业若想保住市场，就需要不断增强自身竞争优势和竞争力，满足航空公司个性化需求。美国波音公司（The Boeing Company）和欧洲空中客车公司（Airbus S. A. S.）是全球大型飞机制造领域的著名企业，依靠对服务要素及资源的整合，在研发设计及系统集成解决方案等方面积累了强大的竞争优势。如空中客车公司通过与信息、通信行业、咨询、培训行业、研发设计行业等生产性服务业行业的资源整合，为其客户开发名为"Air^+计划"的项目，该项目旨在为客户提供菜单式服务，包含工程技术、备件服务、工程数据、维修改装、供应商管理、飞行运行、飞行/地面信息和培训服务八大模块，涵盖了航空公司运营的各方面，航空公司可以选择整个模块作为系统解决方案，同时也可以基于现有模块及自身需求进行自定义组合，提升了空中客车公司的市场竞争力和企业净利润。另外，波音公司也曾整合生产性服务业资源，推出了被称为业内最大的服务、支持和解决方案组合的 Boeing Edge 服务计划。该服务计划通过整合航材解决方案、维修及工程解决方案、飞行解决方案等相关服务，提高飞机性能，优化客户的飞行运营。

可见，以"产品 + 服务"一体化产品或解决方案需求数量和种类不断增多为表征的市场需求，成为基于虚拟联盟的装备制造业与生产性服务业融合的根本动力，对基于虚拟联盟的装备制造业与生产性服务业融合有重要的拓展作用，能够促使基于虚拟联盟的装备制造业与生产性服务业融合顺利进行，具体作用机制如图 3 - 3 所示。

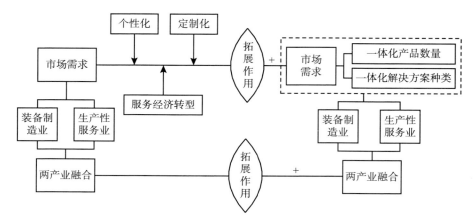

图 3 - 3　市场需求力对融合的拓展作用

资料来源：笔者自制。

3.3.4　科技进步力对融合的支撑作用

对于基于虚拟联盟的装备制造业与生产性服务业融合发展，科技进步力既是直接动力，也是关键动力。科技的进步极大地推动了社会经济发展，丰富了人类物质生活和文化生活，主要原因在于科技进步的内核是知识积累和创新，知识积累和创新进一步引发了专业化、产业分工，极大地提升了生产效率并产生创新生产工具、流程及模式。如上面所述，装备制造业与生产性服务业是经济发展过程中随着专业化分工加剧而形成的特定产业，二者在没有外力作用下，均有各自相对稳定的、刚性的技术轨道。但是在科技进步的作用下，由创新引发的生产工具、流程及模式的改变，则可以打破产业原有的技术轨道和产业知识的专用性，进而带动两产业产品、市场融合。另外，并非所有的知识积累和创新都能促进两产业融合的发生，李庆雪的研究就指出，两产业在边界处的变化有更大可能诱发装备制装业与生产性服务业的融合发生，而这种边界处的变化主要是由技术的创新引起。由此可见，科技进步力是基于虚拟联盟的装备制造业与生产性服务业融合的关键动力，同时也是直接动力。尤其在虚拟联盟中，科技进步发生的概率要比外部非联盟环境中的科技进步发生的概率更大，这是因为装备制造业及生产性服务业组建虚拟联盟的一个主要目的就在于企业希望通过缔结虚拟联盟，借助虚拟联盟内部在共同开发、技术合作、资源互补等方面的优势促进关键科技进步。可见，在虚拟联盟中，科技进步的实现本身就需要装备制造业、生产性服务业等主体进行深度参与，二者的融合是随着共同开发、技术合作、资源互补行为的发生而开始的。

由此，科技进步力是基于虚拟联盟的装备制造业与生产性服务业融合的关键动力，同时也是直接动力。科技进步力对基于虚拟联盟的装备制造业与生产性服务业融合的支撑作用主要体现在装备制造业及生产性服务业边界处的技术创新，这种技术创新使两产业边界发生变化，相互不再排斥，而是进行融合，这是基于虚拟联盟的装备制造业与生产性服务业融合的第一步也是关键的一步，科技进步力在其中起到重要的支撑作用。当然，除了在两产业边界处的技术创新能够引发两产业的融合外，两产业边界内的科技进步在达到一定程度后，同样能够推动两产业的融合发生，这主要是由于知识和技术存在技术溢出和扩散效应，内部的科技进步在经过一定积累后，会扩散到两产业边界处，进而推动两产业融合发展。科技进步力对融合的支撑作用如图 3 – 4 所示。

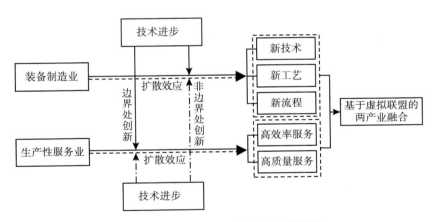

图 3 – 4 科技进步力对融合的支撑作用

资料来源：笔者自制。

3.4 基于虚拟联盟的产业融合动力传导过程及管理

3.4.1 基于虚拟联盟的产业融合动力传导路径

李婉红在对信息化条件下工艺创新的动力传导路径进行分析时提出了

"外部动力嵌入 – 内外部动力聚合 – 合力扩张"路径框架，并认为外部动力嵌入是先导，内外聚合是关键，合力扩张是目的。

本书以此为借鉴，构建基于虚拟联盟的装备制造业与生产性服务业融合动力传导路径，该路径包括外源性动力输入阶段、内生 – 外源性动力聚合阶段和内生 – 外源性动力协同作用阶段，动力传导路径如图 3 – 5 所示。

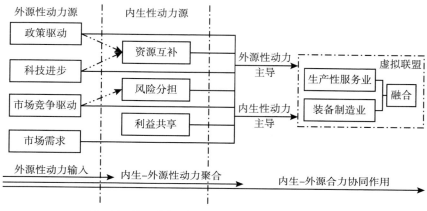

图 3 – 5 基于虚拟联盟的两产业融合动力传导路径
资料来源：笔者自制。

3.4.2 基于虚拟联盟的产业融合动力传导过程

由上节分析可知，基于虚拟联盟的装备制造业与生产性服务业融合过程可以分为外源性动力输入阶段、内生 – 外源性动力聚合阶段和内生 – 外源合力协同作用阶段，通过三个阶段，基于虚拟联盟的两产业融合动力发挥协同作用，推动两产业融合发展的实现。

1. 外源性动力输入阶段

基于虚拟联盟的装备制造业与生产性服务业的外源性动力源是两产业融合的重要动力源，是在虚拟联盟外部市场、政府等主体作用下自发产生的动力源。由上面分析可知，市场需求是两产业融合的根本动力，科技进步是两产业融合的直接和关键动力，可见，外源性动力是基于虚拟联盟的两产业融合的必要动力。

在外源性动力输入阶段，主要依靠两种途径：第一，虚拟联盟中两产业时刻关注联盟外部环境的变化，通过主动搜索与识别，准确判断市场需求、政策导向及科学技术联盟外部变化。而外部变化一旦发生，将迅速转化为基于虚拟联盟的两产业融合的外源性动力，输入到虚拟联盟中，推动两产业融合；第二，虚拟联盟中两产业并不刻意关注联盟外部环境的变化，而是作为这种变化的被动接受者，当外部环境的变化达到一定阈值，这种变化将转化为外部动力源，缓慢输入联盟中，为两产业融合提供作用。

2. 内生-外源性动力聚合阶段

在虚拟联盟中，联盟本身的特征及优势即是两产业融合的内生性动力源，包括风险分担、资源互补和利润共享，在没有外源性动力源输入时，虚拟联盟内生性动力源为两产业融合提供主要动力。在外源性动力以主动或被动方式输入虚拟联盟后，两种类型动力源会产生聚合反应，主要表现在不同动力在动力作用方式、作用强度等方面发生内在变化。例如，当政府驱动外源性动力输入虚拟联盟中，其对两产业融合的作用方式、作用路径及作用强度发生了变化，不再仅表现为直接驱动两产业作用，而且通过作用于资源互补的内生性动力间接对两产业融合产生驱动作用。

3. 内生-外源合力协同作用阶段

基于虚拟联盟的装备制造业与生产性服务业融合并不是在一种动力或几种动力独立作用下推动的，而是外源性动力和内生性动力聚合后协同驱动的结果。在该阶段外源性动力输入虚拟联盟中，并与虚拟联盟内生性动力完成动力的聚合，形成"内生-外源"合力并协同为两产业融合提供驱动作用。内生-外源合力协同作用下，各动力对基于虚拟联盟的两产业融合作用结果是由联盟内装备制造业企业和生产性服务业企业的共同偏好决定的，根据动力源分类，本书将内生-外源合力协同作用划分为两种类型：第一，内生性动力主导的协同作用类型，即当装备制造业企业与生产性服务业企业更倾向于联盟优势时，则内生性动力是两产业融合的主导动力，其他动力为协同辅助动力；第二，外源性动力主导的协同作用类型，即当装备制造业企业与生产性服务业企业更倾向于顺应市场及政府导向或科技发展前沿时，则外源性动力为主导动力，其他动力为协同辅助动力。在两种类型的内生-外源合力协同作用下，推动装备制造业与生产性服务业融合顺利进行。

3.4.3　基于虚拟联盟的产业融合动力管理

由上面分析可知，基于虚拟联盟的装备制造业与生产性服务业融合若要实现持续进行，必须保证内外部动力的持续以及在动力持续的基础上实现动力的增强和动力间的有效协同。据此，本书提出基于虚拟联盟的装备制造业与生产性服务业融合动力管理，主要包含三方面内容：基于虚拟联盟的装备制造业与生产性服务业融合动力持续、基于虚拟联盟的装备制造业与生产性服务业融合动力增强和基于虚拟联盟的装备制造业与生产性服务业融合动力协同。

基于虚拟联盟的装备制造业与生产性服务业融合动力持续是指为保障装备制造业与生产性服务业融合有持续动力，基于现有动力，通过调节动力源为两产业融合持续提供动力。基于虚拟联盟的装备制造业与生产性服务业融合动力增强是指为保障装备制造业与生产性服务业融合获得更强的动力，基于现有动力，通过调节动力源释放更强的动力以促使基于虚拟联盟的装备制造业与生产性服务业融合。基于虚拟联盟的装备制造业与生产性服务业融合动力协同是指为保障装备制造业与生产性服务业融合获得有效协同动力支持，基于现有动力，通过调节动力协同组合方式为两产业融合提供综合动力。而通过对各动力源的分析，各动力释放的主体主要包括政府、联盟、市场及科技进步，其中，科技进步存在于政府、联盟和市场中，而市场的调节也主要依靠政府力量，因此，主要从政府、联盟两方面对基于虚拟联盟的装备制造业与生产性服务业融合动力持续、增强和协同进行调节。政府方面要发挥引导作用：一是通过制定相关政策，引导联盟组建，规范联盟行为；二是通过相关资源投入，促进联盟内科技进步，完善成果转化机制；三是放宽市场约束，发挥市场主导力量，推进市场化进程。联盟方面，一方面联盟内部要进一步完善竞合机制，规范联盟内竞合行为，有效发挥联盟在资源互补、风险分担和利益共享方面的优势，并有效转化为产业融合发展的动力；另一方面，联盟内部要组建外部环境感知部门，迅速识别市场环境动态变化以及政府政策和前沿科技的发展变化，并将其转化为联盟内产业融合发展的动力，实现动力的持续、增强和协同，促进基于虚拟联盟的两产业融合发展。

3.5　本章小结

本章从内生性和外源性角度对基于虚拟联盟的装备制造业与生产性服务业融合动力源进行分类，提出相关动力理论假设，并据此构建了两产业融合动力理论模型，运用结构方程对基于两产业融合动力理论模型进行假设检验，证实了内外部动力源对基于虚拟联盟的两产业融合的直接驱动作用，同时验证了政策驱动和市场竞争驱动的间接作用，揭示了各动力的作用机制。构建了基于虚拟联盟的两产业融合动力传导路径，提出并分析动力传导外源性动力输入阶段、内生－外源性动力聚合阶段和内生－外源合力协同作用阶段的相关内容。在此基础上，从融合动力持续、融合动力增强、融合动力协同三方面提出基于虚拟联盟的装备制造业与生产性服务业融合动力管理，并从政府和联盟方面提出动力管理策略。

第 4 章 基于虚拟联盟的装备制造业与生产性服务业融合实现机制

本章将系统设计两大产业融合过程中的伙伴选择、组织协调、利益分配和风险控制体系。

4.1 基于虚拟联盟的产业融合伙伴的选择

基于虚拟联盟的装备制造业与生产性服务业融合可以为两大产业带来诸如技术创新、市场竞争、风险控制等方面的竞争优势,并通过规模经济效应、共生经济效应和范围经济效应在更为广阔的时空范围内实现经济效率的提升。然而,产业联盟的生存概率并不高,其最重要的原因就是联盟伙伴选择的失当。因此,伙伴的选择机制是实现基于虚拟联盟的装备制造业与生产性服务业融合的首要机制。

4.1.1 融合伙伴选择原则与流程

1. 融合伙伴选择原则

基于虚拟联盟的装备制造业与生产性服务业融合伙伴选择问题具有突出的复杂性,需要综合考虑多种因素,在有限时间和有限信息背景下对潜在的融合伙伴进行筛选。因此,确定基于虚拟联盟的装备制造业与生产性服务业融合伙伴的选择原则,借以对联盟伙伴进行初步的筛选和过滤。

国内外学者对于产业融合伙伴选择的研究相对较少,无法提供有效的成果支撑。但有关联盟伙伴选择的研究成果较为丰富,可以为基于虚拟联盟的装备制造业与生产性服务业融合伙伴选择原则的确定提供有益参考与借鉴。如拉克曼、弗里德曼和拉夫（Rackman, Friedman and Ruff, 1996）的研究表明，可通过联盟伙伴潜能、共同价值主张、合作环境和目标异质性四个方面设计联盟伙伴选择的原则；格林杰（Geringer, 1991）提出了以"任务导向"和"关系导向"两大方向性原则指导联盟合作伙伴的选择。基于相关研究成果，针对当前我国基于虚拟联盟的装备制造业与生产性服务业融合的现状与特点，结合专家意见，确定基于虚拟联盟的装备制造业与生产性服务业融合伙伴选择原则如下。

（1）资源互补原则。基于虚拟联盟的装备制造业与生产性服务业融合过程本身就是一个产业资源重新配置的过程，而装备制造业与生产性服务业在产业资源禀赋方面的异质性和互补性则是推动这一过程实现的重要前提与条件，因此应遵循资源互补的原则。通过产业资源的高效互补，装备制造业与生产性服务业可以有效发挥各自资源优势，根据产业融合的具体需要投入相应资源，从而达到产业融合的目标，实现 1 + 1 > 2 的目标。在基于虚拟联盟的装备制造业与生产性服务业的具体融合过程中，两大产业资源的互补性越强，所形成的虚拟联盟就越紧密，联盟的绩效产出就越突出，有利于两大产业融合的实现。需要指出的是，装备制造业与生产性服务业虽是不同类型的产业，但其资源并不存在天然的高互补性，特别是在微观层面上，其产业资源往往表现为人力、财力、物力等基本资源类型，因此产业资源互补性是选择产业融合伙伴应遵循的基本原则之一。

（2）能力匹配原则。正如米歇尔（Michel, 1992）所指出的，不要为弥补自身弱点而结盟，联盟各方都应具有特定优势才有利于长期合作。当融合对象的能力存在较大差异时，融合一方必然会被动的依赖于另一方，影响虚拟联盟的决策机制、利益分配与风险控制，给联盟的稳定性造成隐患。相关研究表明，联盟成员间的能力差距越大，联盟就越不稳定。在基于虚拟联盟的装备制造业与生产性服务业融合过程中，虚拟联盟的建立是实现产业融合的重要一环，因此必须重视装备制造业与生产性服务业融合过程中各成员能力的匹配，才能保证两大产业融合过程的顺利实现。通过对联盟的实例研究可知，在联盟成员能力匹配的前提下，"高能力 – 高能力"的双高组合在维持虚拟联盟稳定和实现装备制造业与生产性服务业融合方面的成功率是最高的，可达到 60% 左右；而"高能力 – 低能力"的高低组合的成功率则是最低的，仅有 30% 左右；"低能力－低能力"的双低组合的成功率则介于上述两种组合之间。如前面所述，虚拟联盟成员如果能力差距过大，会在联盟决策、联盟利益分配等多个方面形成不平等的局面，从而影响虚拟联盟的存续与发展，影响基于虚拟联盟的装备制造业与生产性服务业的产业融合。因此，能力匹配成为基于虚拟联盟的装备制造业与生产性服务业融合伙伴选择需遵循的原则之一。

（3）利益最大原则。对于利益的追求是基于虚拟联盟的装备制造业与生产性服务业融合的内生驱动力，并促使融合主体在追逐利益的过程中实现产业融合。在产业融合过程中，融合所带来的市场前景和经济回报不仅决定了虚拟联盟各方参与者的合作强度，而且决定了虚拟联盟的发展方向。显然，基于虚拟联盟的装备制造业与生产性服务业融合过程中实现的利益越大，越有利于虚拟联盟的长期存续和产业融合进程的持续推进。需要指出的是，从基于虚拟联盟的装备制造业与生产性服务业融合过程来看，利益最大化的主体不是虚拟联盟中的某一个主体要素，而是强调整个虚拟联盟的利益最大化。只有在虚拟联盟利益最大化的前提下，辅以科学合理的利益分配机制，才能保证各方利益的最大化，从而保证产业融合进程的顺利推进。因此，虚拟联盟整体利益的最大化是基于虚拟联盟的装备制造业与生产性服务业融合伙伴选择的基本原则之一。

（4）风险最小原则。对于基于虚拟联盟的装备制造业与生产性服务业融合过程而言，各参与成员的风险与收益是并存、对等且不可分割的，高收益往往意味着高风险。因此，控制风险也是推动基于虚拟联盟的装备制造业与生产性服务业融合的重要动因。特别是在"经济全球化"与"逆全球化"交织的复杂时代背景下，经济环境和国际市场的高度不确定性给中国装备制造业与生产性服务业的发展带来极大风险。除此之外，在基于虚拟联盟的装备制造业与生产性服务业融合过程中，由于装备制造业与生产性服务业属于不同的产业形态，两者在管理体系、运行模式、资源配置等诸多方面都存在显著差异，而这种差异性必然会增加两大产业融合的风险。因此，在通过虚拟联盟实现产业融合的过程中，要充分考虑实现风险由多主体分担的情况，这样不仅可以有效控制融合主体的自身风险，而且可以通过融合主体间的信息共享、资源互补、文化融合等方式降低整个虚拟联盟的风险。可见，在基于虚拟联盟的装备制造业与生产性服务业融合伙伴选择的过程中，应充分考虑风险因素，以联盟整体风险为导向，遵循最小风险原则，尽可能回避、减少和转移产业融合过程中的各类风险。

2. 融合伙伴选择流程

在基于虚拟联盟的装备制造业与生产性服务业融合伙伴选择过程中，由于装备制造企业具备关联性和配套性特征，该过程一般是装备制造企业处于主导地位，扮演虚拟联盟盟主的角色，因此融合伙伴的选择一般是由装备制造企业主导，通过一系列线性流程而实现的。当然，基于虚拟联盟的装备制造业与生产性服务业融合伙伴也可以由政府、行业协会或生产性服务企业主导，但从具体的产业实践来看，由装备制造企业主导的虚拟联盟仍处于主导地位。虽然不同虚拟联盟的建立目标及其所实现的产业融合具体形态具有一定差异性，但从宏观层面均可将融合伙伴选择流程分为如下步骤。

第一步，虚拟联盟盟主通过各种途径在全球范围内搜索可能的产业融合伙伴（盟友），形成融合伙伴数据库，在此基础上收集融合伙伴的相关信息，包括发展战略和生产经营现状、产品及竞争力现状、管理机制与体系现状和资源配置现状等融合主体的基本信息，以及市场竞争环境、技术经济环境、政策环境和行业环境等宏观信息。

第二步，结合产业融合伙伴选择目标和产业融合环境等因素，基于多层次信息对可能的产业融合伙伴进行评价，并根据评价结果对产业融合伙伴进行进一步筛选，形成产业融合伙伴备选名单。如果评估结果显示没有符合要求的合作伙伴，则返回第一步重新确定可能的融合伙伴，并重新收集相关信息。

第三步，根据联盟盟主自身状况，结合对潜在融合伙伴的评价结果，进行盟主与融合伙伴的匹配性分析，进一步缩小可供选择的融合伙伴范围，将可能的融合伙伴控制在 3～5 家的范围内，以便与其进行一对一谈判。如果该步骤没有找到合适的融合伙伴，则返回第二步或第一步进行新一轮的融合伙伴选择与评价；如果该步骤确定的潜在融合伙伴过多，则可在适度调整指标和标准的基础上重复第二步，以控制入围融合伙伴的数量。

第四步，就产业融合伙伴的融合意愿和融合条件进行一对一谈判，确定产业融合的可行性。如果没有融合伙伴选择的可行解，则重复前面步骤直至找到可行解；如果可行解多于一种，则需要在综合考虑盟主自身状况及融合目标、融合伙伴自身状况及融合条件、融合环境等多维因素的基础上对可行解进行对比性分析，进而确定最终的融合伙伴。

第五步，虚拟联盟盟主就产业融合具体条件和流程等相关事宜与融合伙伴进行进一步的深入沟通谈判，形成相应的协议、合同、规章和制度，从而形成正式的合作关系，并在此基础上推动产业融合的实现。

上述五个步骤构成一个完整的融合伙伴选择流程，如图4-1所示。需要指出的是，基于虚拟联盟的装备制造业与生产性服务业融合过程可能涉及装备制造企业、生产性服务企业、中介机构、政府或行业协会，甚至是用户等多方主体，因此该过程必然是一个多次重复进行且持续动态更新的过程，只要有不满足虚拟联盟发展需求融合伙伴的出现，就需要重新进行融合伙伴的选择；同时，如前面所述，虽然基于虚拟联盟的装备制造业与生产性服务业融合过程涉及多方主体，但作为一个经济共同体，处于该虚拟联盟盟主地位的一般是装备制造企业，因此融合伙伴选择过程一般是一个装备制造企业选择其他装备制造企业、生产性服务企业和中介机构，进而构建虚拟联盟，实现其与生产性服务业融合的过程。

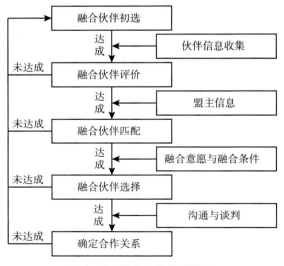

图4-1 融合伙伴选择流程

资料来源：笔者自制。

4.1.2　融合伙伴的评价体系

通过前面对基于虚拟联盟的装备制造业与生产性服务业融合过程的分析可以看出,各产业融合主体不仅具有多方面、多层次的静态特征,而且在产业融合过程中呈现多维度的动态特点,因此对其进行全面评价会涉及诸多要素,需建立起一套完善的体系,以实现对评价指标的初步筛选和对评价指标科学性和合理性的保障。

1. 融合伙伴评价指标选择的原则

综合考虑建立融合伙伴评价指标体系至少应遵循如下原则。

（1）系统性原则。系统性原则要求融合伙伴评价指标的选择一是要全面,能够从各方面对潜在融合伙伴进行评价;二是要有层次,能够从各层面对潜在融合伙伴进行评价;三是要有区分度,各评价指标间不存在包含与被包含的关系。

（2）科学性原则。科学性原则要求融合伙伴评价指标能够客观反映潜在融合伙伴的各方面静态发展特征与动态演化规律,每个指标都能通过科学、合理的方法进行评价。

（3）客观性与主观性相结合原则。由于用于融合伙伴评价的指标既有客观性指标,又有主观性指标,因此在进行评价指标选择时应贯彻客观性与主观性相结合的原则。一方面,对于可以通过官方统计年鉴内客观性指标进行评价的,应多方参考专家建议,并尽可能采用该类指标;另一方面,对于需要通过专家打分或量表等主观方法进行评价的,在评价时应尽量做到依据事实进行客观评价,不可主观臆造,做到客观与主观相结合。

（4）可操作性原则。可操作性原则要求用于评价融合伙伴的各指标都是可操作的,而且要易于进行有效的统计或测度。而对于难以进行有效统计或测度的指标,应考虑通过替代指标或转化数据等方式进行处理,保证用于评价融合伙伴的所有指标均具有可操作性。

2. 融合伙伴评价指标体系构建

根据基于虚拟联盟的装备制造业与生产性服务业融合伙伴评价指标选择原则,综合考虑两大产业融合过程中对各融合主体的资源、能力及特征等方面的要求,构建产业融合伙伴评价指标体系。

（1）产业融合主体资源水平。产业融合主体的资源水平是进行产业融合伙伴选择时需要考虑的重要因素。产业融合主体的资源包括主体内部的各种软硬件资源，如人力资源、财务资源、固定资产、技术与知识积累、品牌资产、资质认证和组织运行机制等有形与无形资源。其中，人力资源是产业融合的第一资源，其数量和质量不仅关系到产业融合主体自身的发展水平，而且对虚拟联盟的形成与发展水平和质量具有重要影响，可通过人力资源数量与人力资源质量进行评价；财务资源是产业融合的核心资源之一，对财务资源的追求是促进基于虚拟联盟的装备制造业与生产性服务业融合的重要动因，财务资源可通过产业融合主体现金储备量、资产负债率、销售额和销售利润率等指标进行评价；固定资产是产业融合主体与虚拟联盟开展业务的基础，可通过固定资产总额进行评价；技术与知识积累反映了产业融合主体与虚拟联盟的既有技术资源水平，可通过产业融合主体的专利授权数进行评价；品牌资产反映了市场对产业融合主体产品的认可程度，可在产品及服务本身价值之外给产业融合主体带来超额收益，可通过品牌资产价值进行评价；资质认证不仅可以反映产业融合主体在认证领域的标准化水平，而且可以反映产品与服务质量，可通过产业融合主体获得的认证数量进行评价；组织运行机制不仅影响企业效率，而且对虚拟联盟的运行效率具有重要影响，可通过组织结构适应性进行衡量。

（2）产业融合主体技术创新能力。装备制造业作为技术和知识密集型产业，其与生产性服务业的融合受到技术创新能力的重要影响，因此技术创新能力成为基于虚拟联盟的装备制造业与生产性服务业融合伙伴选择的重要参考依据。技术创新的目标在于提高创新主体的创新能力，增加创新产出，增强盈利能力。基于虚拟联盟的装备制造业与生产性服务业融合过程中各主体的创新能力可以从技术创新要素投入、技术创新成果中间产出和技术创新成果最终产出进行评价。技术创新要素投入包括创新过程中的人、财、物、信息等资源的投入，考虑到物质和信息等资源可外显为资金投入，因此主要从技术创新人员投入和技术创新资金投入两个方面对技术创新要素投入进行评价。在借鉴相关研究的基础上，通过"研发人员全时当量"评价技术创新人员投入数量，通过"产业内工程师数量"评价技术创新人员投入数量质量，通过"研发经费内部支出"评价技术创新资金投入。技术创新成果中间产出可通过专利相关指标进行评价，考虑到未授权专利仍是创新主体技术创新的中间成果产出，因此以"专利申请数"对技术创新中间成果产出进行评价。技术创新成果最终产出可通过新产品相关指标进行评价，考虑到未售出的新产品仍是技术创新主体的最终成果产出，因此以"新产品产值"对技术创新最终成果产出进行评价。

（3）产业融合主体间的匹配性。产业融合主体间的匹配性是指在基于虚拟联盟的装备制造业与生产性服务业融合过程中，各融合主体在其发展战略目标、产品与服务组合、商业模式、组织结构、组织文化与管理机制等方面的适应性、一致性和统一性。在基于虚拟联盟的装备制造业与生产性服务业融合过程中，各融合主体的匹配性主要体现在发展战略匹配性、产品与服务匹配性、技术知识匹配性、组织文化匹配性、商业模式匹配性和管理机制匹配性。在进行基于虚拟联盟的装备制造业与生产性服务业融合伙伴选择过程中，发展战略的匹配是选择产业融合伙伴的基础和前提，从根本上保证了产业融合各主体利益诉求的一致性；产品与服务匹配、技术与知识匹配是实现产业融合主体"1 + 1 > 2"效能的关键；组织文化匹配、商业模式匹配和管理机制匹配则会影响融合实现的顺畅性，对产业融合伙伴的选择提出了具体要求。

（4）产业融合主体的长期合作潜力。在基于虚拟联盟的装备制造业与生产性服务业融合伙伴选择的过程中，各主体能否实现长期合作不仅关系到融合伙伴间的信任程度，而且会影响产业融合过程中因冲突与不信任造成的成本损失。基于虚拟联盟的装备制造业与生产性服务业融合伙伴的长期合作潜力可通过对该融合主体既往合作历史的评价予以衡量，具体包括融合主体在其合作过程中的履约记录、合作绩效、合作伙伴满意度、管理层合作态度、员工合作态度。履约记录体现了产业融合主体的契约精神，对于履约记录较差的主体应一票否决，避免因履约问题造成的风险；合作绩效和合作伙伴满意度综合反映了产业融合主体的长期综合合作能力；管理层合作态度和员工合作态度则影响着产业融合进程的流畅性和长久性，离开管理层的决策和员工的支持，基于虚拟联盟的装备制造业与生产性服务业融合无法长期持续。

综上所述，基于虚拟联盟的装备制造业与生产性服务业融合伙伴评价指标体系如表 4 - 1 所示。

表 4 - 1　　　　　基于虚拟联盟的装备制造业与生产性服务业
融合伙伴评价指标体系

目标层	准则层	指标层
产业融合伙伴选择	装备制造企业/生产性服务企业的资源水平	融合伙伴人力资源数量
		融合伙伴人力资源质量
		融合伙伴现金储备量
		融合伙伴资产负债率
		融合伙伴销售额
		融合伙伴销售利润率
		融合伙伴固定资产总额
		融合伙伴专利授权数
		融合伙伴品牌资产价值
		融合伙伴认证数量
		融合伙伴组织结构适应性
	装备制造企业/生产性服务企业的技术创新能力	融合伙伴研发人员全时当量
		融合伙伴产业内工程师数量
		融合伙伴研发经费内部支出
		融合伙伴专利申请数
		融合伙伴新产品产值
	装备制造企业与生产性服务企业间的匹配性	融合伙伴发展战略匹配性
		融合伙伴产品与服务匹配性
		融合伙伴技术知识匹配性
		融合伙伴组织文化匹配性
		融合伙伴商业模式匹配性
		融合伙伴管理机制匹配性
		融合伙伴履约记录
		融合伙伴合作绩效
		融合伙伴合作伙伴满意度
产业融合伙伴选择	装备制造企业与生产性服务企业间的匹配性	融合伙伴管理层合作态度
		融合伙伴员工合作态度

资料来源：笔者自制。

4.1.3　融合伙伴的选择方法

通过对基于虚拟联盟的装备制造业与生产性服务业融合伙伴的评价指标体系的进一步分析可以看出，各融合伙伴评价指标体系间存在一定的关联性，且不同的虚拟联盟在其联盟目标、联盟战略、联盟组织形式、联盟成员构成和联盟运行机制方面均存在较大差异，导致在产业融合伙伴选择过程中不同主体关注的融合伙伴指标也存在较大差异，增加了产业融合伙伴评价指标值获取的难度。在借鉴相关研究的基础上，本书以网络分析法（analytic network process，ANP）和三角模糊数型 VIKOR（FVIKOR）方法为基础，通过 ANP 和 FVIKOR 的有机结合解决产业融合伙伴的选择问题。

（1）三角模糊数。定义三角模糊数 $\bar{a} = (l, m, u)$，且 $l \leqslant m \leqslant u$，其隶属度函数如式（4-1）所示。

$$\mu_{\bar{a}}(x) = \begin{cases} \dfrac{x-l}{m-l} & l \leqslant x \leqslant m \\[2mm] \dfrac{u-x}{u-m} & m \leqslant x \leqslant u \\[2mm] 0 & x < l \ or \ x > u \end{cases} \qquad (4-1)$$

当 $l = m = u$ 时，$\bar{a}$ 为一个确定常数。对任意 $\bar{a}_1 = (l_1, m_1, u_1)$ 和 $\bar{a}_2 = (l_2, m_2, u_2)$，存在运算法则如式（4-2）至式（4-7）所示。

加法：$\bar{a}_1 \oplus \bar{a}_2 = (l_1 + l_2, m_1 + m_2, u_1 + u_2)$ 　　　　　　　$(4-2)$

减法：$\bar{a}_1 - \bar{a}_2 = (l_1 - u_2, m_1 - m_2, u_1 - l_2)$ 　　　　　　　$(4-3)$

乘法：$\bar{a}_1 \otimes \bar{a}_2 = (l_1 \times l_2, m_1 \times m_2, u_1 \times u_2)$，$l_1, l_2 \geqslant 0$ 　　$(4-4)$

除法：$\bar{a}_1 \div \bar{a}_2 = (l_1/u_2, m_1/m_2, u_1/l_2)$，$l_1, l_2 \geqslant 0$ 　　$(4-5)$

最大化算子：$\max\{\bar{a}_1, \bar{a}_2\} = (\max\{l_1, l_2\}, \max\{m_1, m_2\}, \max\{u_1, u_2\})$ 　　　　　　　　　　　　　　　　　　　　　　　$(4-6)$

最小化算子：$\min\{\bar{a}_1, \bar{a}_2\} = (\min\{l_1, l_2\}, \min\{m_1, m_2\}, \min\{u_1, u_2\})$ 　　　　　　　　　　　　　　　　　　　　　　　$(4-7)$

$\bar{a}_1 = (l_1, m_1, u_1)$ 和 $\bar{a}_2 = (l_2, m_2, u_2)$ 可进行比较，定义 $\bar{a}_2 \geqslant \bar{a}_1$ 的可能度如式（4-8）所示。

$$V(\bar{a}_2 \geqslant \bar{a}_1) = hgt(\bar{a}_1 \cap \bar{a}_2) = \begin{cases} 1, & m_2 \geqslant m_1 \\[2mm] 0, & l_1 \geqslant u_2 \\[2mm] \dfrac{l_1 - u_2}{(m_2 - u_2) - (m_1 - l_1)}, & 其他 \end{cases} \qquad (4-8)$$

设由 n + 1 个三角模糊数构成的集合为：$H = (\bar{a}, \bar{a}_1, \bar{a}_2, \cdots, \bar{a}_n)$，则有：

$$V(\bar{a} \geqslant \bar{a}_1, \bar{a}_2, \cdots, \bar{a}_n) = \min\{V(\bar{a} \geqslant \bar{a}_1), V(\bar{a} \geqslant \bar{a}_2), \cdots, V(\bar{a} \geqslant \bar{a}_n)\}$$

$$(4-9)$$

（2）三角模糊数判断矩阵权重向量的计算。借鉴常（Chang，1996）基于程度分析法对三角模糊数判断矩阵权重向量进行计算。设两两比较的元素集为 $G = \{g_1, g_2, \cdots, g_n\}$，专家集为 $E = \{e_1, e_2, \cdots, e_l\}$，则可通过如下步骤对三角模糊数判断矩阵权重向量进行计算。

步骤 1：构建三角模糊数判断矩阵。专家 $e_k (k = 1, \cdots, l)$ 采用如表 4-2 所示的模糊语言变量对 G 中元素的相对重要性进行比较，并用三角模糊数量化得到判断矩阵 $\overline{A}^k = (\bar{a}_{ij}^k)_{n \times n}$，其中 $\bar{a}_{ij}^k = (l_{ij}^k, m_{ij}^k, u_{ij}^k)$ 是专家 e_k 给出 g_i 相对 g_j 重要性的三角模糊函数表达。

表 4-2　　　　　　　　　　　元素对比语言标度

语言变量	完全相同	同等重要	略微重要	明显重要	非常重要	极度重要
三角模糊数	(1, 1, 1)	(1/2, 1, 3/2)	(1, 3/2, 2)	(3/2, 2, 5/2)	(2, 5/2, 3)	(5/2, 3, 7/2)
互反模糊数	(1, 1, 1)	(2/3, 1, 2)	(1/2, 2/3, 1)	(2/5, 1/2, 2/3)	(1/3, 2/5, 1/2)	(2/7, 1/3, 2/5)

资料来源：笔者自制。

步骤 2：计算综合判断矩阵 $\overline{A} = (\bar{a}_{ij})_{n \times n}$。采用简单平均法综合决策过程中的不同偏好，其计算模型如式（4-10）所示。

$$\bar{a}_{ij} = \frac{1}{l} \otimes (\bar{a}_{ij}^1 \oplus \bar{a}_{ij}^2 \oplus \cdots \oplus \bar{a}_{ij}^l) = \frac{1}{l}(\sum_{k=1}^{l} l_{ij}^k, \sum_{k=1}^{l} m_{ij}^k, \sum_{k=1}^{l} u_{ij}^k)$$

$$(4-10)$$

步骤 3：计算模糊综合程度值。通过式（4-10）计算元素 $g_i (i = 1, 2, \cdots, n)$ 的模糊综合程度值 $\overline{S}_i (i = 1, 2, \cdots, n)$。

$$\overline{S}_i = \sum_{j=1}^{n}(\oplus \bar{a}_{ij}) \otimes [\sum_{i=1}^{n} \sum_{j=1}^{n}(\oplus \bar{a}_{ij})]^{-1} = \left(\frac{\sum_{j=1}^{n} l_{ij}}{\sum_{i=1}^{n} \sum_{j=1}^{n} u_{ij}}, \frac{\sum_{j=1}^{n} m_{ij}}{\sum_{i=1}^{n} \sum_{j=1}^{n} m_{ij}}, \frac{\sum_{j=1}^{n} u_{ij}}{\sum_{i=1}^{n} \sum_{j=1}^{n} l_{ij}} \right)$$

$$(4-11)$$

步骤 4：计算各元素权重。计算 $S_i \geqslant S_h (h = 1, 2, \cdots, n$ 且 $h \neq i)$ 的可能度如式（4 – 12）所示。

$$d(g_i) = \min_{h = 1, 2, \cdots, n 且 h \neq i} V(S_i \geqslant S_h) \tag{4 – 12}$$

元素 g_1，g_2，$\cdots$，g_n 的权重向量为 $\varpi' = (d(g_1)，\cdots，d(g_i)，\cdots，d(g_n))^T$，归一化后即可得到权重向量 $\varpi = (\varpi_1，\cdots，\varpi_i，\cdots，\varpi_n)^T$，其中：

$$\varpi_i = \frac{d(g_i)}{\sum_{i=1}^{n} d(g_i)} \quad i = 1, 2, \cdots, n \tag{4 – 13}$$

（3）基于模糊 ANP 的关联指标权重设定。无论是对装备制造业与生产性服务业融合伙伴评价指标体系进行构建，还是对评价指标进行赋权，都不可避免地充满了决策者的主观因素。为了反映决策者思维的模糊性，本书对经典 ANP 法进行改进，构建模糊 ANP 法（FANP）用以确定装备制造业与生产性服务业融合伙伴评价指标的权重，具体步骤如下。

步骤 1：构建判断矩阵。基于语言标度表构建两两比较的判断矩阵，具体包括各维度对于目标相对重要性的判断矩阵、各指标对于所属维度相对重要性的判断矩阵以及维度自依赖判断矩阵、指标自依赖判断矩阵。

步骤 2：计算判断矩阵的权重向量。基于前面提出的三角模糊数判断矩阵权重向量的方法计算判断矩阵的权重向量。对于三角模糊数综合判断矩阵 $\overline{A} = (\overline{a}_{ij})_{n \times n}$，其中 $\overline{a}_{ij} = (l_{ij}, m_{ij}, u_{ij})$，若矩阵 $M = (m_{ij})_{n \times n}$ 满足一致性需求，则认为 $\overline{A} = (\overline{a}_{ij})_{n \times n}$ 满足一致性要求。

步骤 3：建立未加权的超级矩阵。未加权的超级矩阵的结构如式（4 – 14）所示。

$$\varpi = \begin{bmatrix} 0 & 0 & 0 \\ \varpi_{DG} & \varpi_{DD} & 0 \\ 0 & \varpi_{CD} & \varpi_{CC} \end{bmatrix} \tag{4 – 14}$$

式中 ϖ_{DG} 表示各维度相对目标的局部权重向量；ϖ_{CD} 表示维度对指标的影响；ϖ_{DD} 表示维度之间的内部影响程度；ϖ_{CC} 表示指标之间的内部影响程度。

步骤 4：计算指标全局权重。将未加权的超级矩阵进行归一化，通取极限 $\lim_{k \to +\infty} \varpi^k$，即得指标全局权重。

（4）基于 FVIKOR 法的产业融合伙伴选择。以奥普里科维奇（Opricov-ic，2011）提出的 VIKOR 为基础，结合模糊理论，设计模糊多准则折衷优化解法（FVIKOR）用以评价基于虚拟联盟的装备制造业与生产性服务业融合伙伴。FVIKOR 法的分析步骤如下。

步骤1：获取专家语言评价矩阵。记备选方案集为 $X = \{x_1，x_2，\cdots，x_m\}$，评价指标集为 $C = \{c_1，c_2，\cdots，c_n\}$，专家集为 $E = \{e_1，e_2，\cdots，e_l\}$。设对于方案 $x_i(i = 1，2，\cdots，m)$，专家 $e_k(k = 1，2，\cdots，l)$，基于表 4 – 3 对指标 $c_j(j = 1，2，\cdots，n)$ 进行评价，得评价矩阵 $A_k(k = 1，2，\cdots，l)$。

表 4 – 3   属性值评价语言及三角模糊数量化

语言变量	非常差	差	一般	好	非常好
三角模糊数	(0, 0, 25)	(0, 25, 50)	(25, 50, 75)	(50, 75, 100)	(75, 100, 100)

资料来源：笔者自制。

步骤2：建立三角模糊数综合评价矩阵 $\overline{A}$。将 $A_k(k = 1，2，\cdots，l)$ 量化为三角模糊数评价矩阵 $\overline{A}_k$，通过算数平均计算即可求得 $\overline{A} = (\overline{f}_{ij})_{m \times n}$，其中 $\overline{f}_{ij} = (l_{ij}，m_{ij}，u_{ij})$。

步骤3：确定各指标的正理想解 $\overline{f}_j^* = (l_j^*，m_j^*，u_j^*)$ 和负理想解 $\overline{f}_j^0 = (l_j^0，m_j^0，u_j^0)$。记正向效应指标集为 J^b，负向投入型指标集为 J^c，其确定方法如下。

$$\overline{f}_j^* = \max_{i=1}^m \overline{f}_{ij}，\overline{f}_j^0 = \min_{i=1}^m \overline{f}_{ij}，j \in J^b \qquad (4-15)$$

$$\overline{f}_j^* = \min_{i=1}^m \overline{f}_{ij}，\overline{f}_j^0 = \max_{i=1}^m \overline{f}_{ij}，j \in J^c \qquad (4-16)$$

步骤4：计算规范化的模糊指标差值 $\overline{d}_{ij}$：

$$\overline{d}_{ij} = \frac{\overline{f}_j^* - \overline{f}_{ij}}{u_j^* - l_j^0}，j \in J^b；\overline{d}_{ij} = \frac{\overline{f}_{ij} - \overline{f}_j^*}{u_j^0 - l_j^*}，j \in J^c \qquad (4-17)$$

步骤5：确定产业融合效应效用值 $\overline{S}_i = (S_i^l，S_i^m，S_i^u)$、融合成本值 $\overline{R}_i = (R_i^l，R_i^m，R_i^u)$ 和综合排序值 $\overline{Q}_i = (Q_i^l，Q_i^m，Q_i^u)$

$$\overline{S}_i = \sum_{j=1}^n \oplus \varpi_j \overline{d}_{ij}，i = 1，2，\cdots，m \qquad (4-18)$$

$$\overline{R}_i = \max_{j=1}^n \varpi_j \overline{d}_{ij}，i = 1，2，\cdots，m \qquad (4-19)$$

$$\overline{Q}_i = v \frac{\overline{S}_i - \overline{S}^*}{S^{ou} - S^{*1}} + (1-v) \frac{\overline{R}_i - \overline{R}^*}{R^{ou} - R^{*1}} \qquad (4-20)$$

其中：$\varpi_j(j=1,2,\cdots,n)$ 为权重；$\overline{S}^* = \min_{i=1}^{m} \overline{S}_i$、$S^{ou} = \max_{i=1}^{m} S_i^u$、$\overline{R}^* = \min_{i=1}^{m} \overline{R}_i$、$R^{ou} = \max_{i=1}^{m} R_i^u$；$v$ 是反映产业融合伙伴选择偏好的决策系数，$v \in [0,1]$，$v > 0.5$ 和 $v < 0.5$ 分别表示产业融合伙伴选择过程中偏好为融合效应最大化和融合成本最小化。

步骤 6：备选方案排序。利用去模糊化公式将 $\overline{S}_i$、$\overline{R}_i$ 和 $\overline{Q}_i$ 转化为精确值 CR_i、CS_i 和 $CQ_i (i=1,2,\cdots,m)$。在此基础上，根据 CR_i、CS_i 和 CQ_i 分别得到产业融合伙伴选择方案的排序 $Rank_R$、$Rank_S$ 和 $Rank_Q$，所得指标值越小则对应方案越好。

步骤 7：确定折中方案。在选择产业融合伙伴的过程中，有时最优方案并不能一定实现，因此需要确定产业融合伙伴选择的折中方案。设折中方案为 $X^{(1)}$，则 $X^{(1)}$ 为 $Rank_Q$ 中满足如下两个条件的首选方案：

条件 1：$[Q(X^{(2)})| - Q(X^{(1)})/[Q(X^{(m)}) - Q(X^{(1)})] \geqslant 1/(n-1)$

条件 2：$X^{(1)}$ 为 $Rank_R$ 和 $Rank_S$ 中的首选方案。

如果条件 1 或条件 2 中有一个条件不满足，则：若条件 1 不满足，则 $X^{(1)}$、$X^{(2)}$、$\cdots$、$X^{(r)}$ 均为折中方案，其中 $X^{(r)}$ 满足 $[Q(X^{(r)})| - Q(X^{(1)})/[Q(X^{(m)}) - Q(X^{(1)})] \geqslant 1/(n-1)$；若条件 2 不满足，则 $X^{(1)}$ 和 $X^{(2)}$ 均为折中方案。

4.1.4　融合伙伴绩效评价与动态控制

基于虚拟联盟的装备制造业与生产性服务业融合伙伴选择是一个动态过程，需基于产业融合伙伴在产业融合绩效中的贡献对其进行动态控制，实现装备制造业与生产性服务业虚拟联盟成员的优胜劣汰，保持两大产业虚拟联盟的高效率，实现虚拟联盟的高效益。

1. 融合伙伴的绩效评价

由于基于虚拟联盟的装备制造业与生产性服务业融合绩效产出与各融合主体投入和独立产出间均存在非常复杂的非线性关系，因此对融合伙伴绩效贡献的评价不应仅以其资源投入和独立绩效产出为依据。更为合理的评价方法是以产业融合伙伴的资源投入和独立绩效产出为基础，采用虚拟联盟多主体参与的专家评价方法对基于虚拟联盟的装备制造业与生产性服务业融合伙伴进行主观定性评价。

对产业融合伙伴的绩效进行评价，除了考虑绩效产出外，还应充分考虑在基于虚拟联盟的装备制造业与生产性服务业融合绩效形成过程中融合伙伴的具体表现。对产业融合伙伴合作过程表现进行评价，可通过产业融合伙伴的履约记录、指标完成比例、任务完成度和完成效率以及产业融合伙伴管理层合作情况和员工合作情况等主观指标进行综合评价。

在对产业融合伙伴的绩效进行综合评价的基础上，根据融合伙伴的绩效表现对其进行分类管理，通过奖优罚劣和优胜劣汰，实现对基于虚拟联盟的装备制造业与生产性服务业融合伙伴的动态控制。

2. 融合伙伴的动态控制

根据基于虚拟联盟的装备制造业与生产性服务业融合伙伴绩效评价结果，对产业融合伙伴进行分类。借鉴 ABC 分类管理思想，根据产业融合伙伴的绩效评价结果将其分为三类，其中 A 类为绩效表现达到或高于虚拟联盟要求的产业融合伙伴；B 类为绩效表现距离虚拟联盟要求尚有一定距离，但有改善或提高可能的产业融合伙伴；C 类为绩效表现远未达到虚拟联盟要求，且可能没有改善或提高可能的产业融合伙伴。在此基础上，采用 ABC 分类管理法对融合伙伴进行动态控制。

对于绩效表现达到或高于虚拟联盟要求的产业融合伙伴，应从装备制造业与生产性服务业联盟层面给予适当的利益倾斜，如给予更高的利益分配比例、延长契约、增加订单数量等激励，以期进一步提高其贡献；对于绩效表现距离虚拟联盟要求尚有一定距离，但有改善或提高可能的产业融合伙伴，应积极给予必要的指导，帮助其寻找在产业融合过程及绩效创造过程中可能存在的问题，并为其提供一定的改善或提高空间、时间与资源；对于绩效表现远未达到虚拟联盟要求，且可能没有改善或提高可能的产业融合伙伴，也应给予一定的改善或提高空间和时间，同时应寻找替代主体，当确认其无法胜任当前虚拟联盟角色时予以替换，保证装备制造业与生产性服务业的高效率和高效益融合。

4.2　基于虚拟联盟的产业融合过程的组织协调

4.2.1　虚拟联盟的战略协同

基于虚拟联盟的装备制造业与生产性服务业融合系统是一个开放性复杂系统，其内部各成员间的战略协同是实现两大产业融合的先决条件。从融合主体战略管理的视角来看，基于虚拟联盟的装备制造业与生产性服务业战略协同是一个涉及虚拟联盟共同愿景和战略制定、具体战略目标设计和各项战略控制等内容的复杂体系，需从虚拟联盟战略形成、战略运行和战略控制三个维度予以综合设计。

1. 虚拟联盟协同战略的形成

基于虚拟联盟的装备制造业与生产性服务业战略协同是联盟成员协调一致，寻求最佳融合战略的过程。开放性是基于虚拟联盟的装备制造业与生产性服务业战略协同的前提条件，产业融合与产业融合效应是战略协同的宏观目标，协同机会是战略协同的切入点，而明确虚拟联盟所具备的核心优势和核心竞争力则是形成虚拟联盟协调战略的关键所在。虚拟联盟协同战略的形成需要联盟内包括装备制造企业、生产性服务企业、中介机构、政府或行业主管部门、高校及科研院所等多方主体按照虚拟联盟战略协同的要求，明确自身战略定位，调整自身战略规划，从以自身战略为导向向以虚拟联盟战略为导向转变。虚拟联盟内的装备制造企业与生产性服务企业要根据虚拟联盟的战略定位进行装备制造资源与生产性服务资源的整合，以更好地满足市场需求；中介机构要根据虚拟联盟的战略定位，进行人、财、物、信息和技术等多种资源流通平台与渠道的建设；政府或行业主管部门要根据虚拟联盟的战略定位为装备制造业与生产性服务业的融合营造良好的战略发展环境；高校及科研院所要根据虚拟联盟的战略定位为装备制造业与生产性服务业的融合提供知识和智力支持。虚拟联盟内的成员通过协同努力完成自身任务，保证整个虚拟联盟战略目标的实现。可以看出，以虚拟联盟战略为基础，对联盟内各成员的细分战略进行有效分解，进而形成具体且可行的计划，是虚拟联盟协同战略形成的标志。

2. 虚拟联盟协同战略的实施

虚拟联盟协同战略的运行是将装备制造业与生产性服务业虚拟联盟战略付诸行动并加以实践的具体过程。虚拟联盟协同战略的运行要做好联盟管理者、联盟组织结构、联盟文化和联盟资源四个方面的匹配工作。首先，要明确联盟管理者是谁，其综合管理能力如何。如前面所述，在装备制造业与生产性服务业虚拟联盟中，一般是装备制造企业处于管理者的地位。但仅仅明确管理者是谁还不够，要在此基础上明确联盟管理者的管理能力、管理风格、管理风险偏好等信息，这对虚拟联盟协同战略的实施至关重要。显然，除了装备制造企业自身能力与资源会影响其管理能力之外，虚拟联盟内其他成员的支持与配合程度也会在一定程度上影响其管理能力的外在表现。其次，要为虚拟联盟建立适用的组织结构体系。最后，为了保证虚拟联盟协同战略得以实施，还需要向虚拟联盟投入其所需的人、财、物和信息等各类资源，为虚拟联盟协同战略的实施提供资源保障。进一步梳理可以发现，虚拟联盟管理者的能力，组织结构和联盟文化所形成的组织体系，以及人、财、物和信息等各类资源所构成的资源保障三个维度共同构成了虚拟联盟协同战略实施的可行空间，如图 4-2 所示。

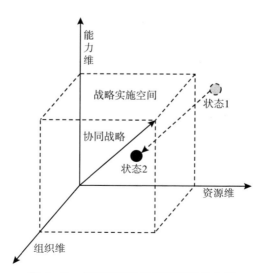

图 4-2　虚拟联盟协同战略的实施空间

资料来源：笔者自制。

可以看出，当虚拟联盟管理者的能力提升，组织结构和联盟文化所形成的组织体系不断改善以及各类产业资源得以充分保障时，虚拟联盟的战略实施空间就会不断变大。在装备制造业与生产性服务业虚拟联盟协同战略的实施初期，虚拟联盟的战略目标位于其协同战略实施的可行空间之外（如图 4 - 2 中状态 1 所示），而在虚拟联盟协同战略目标的引导下，随着虚拟联盟在能力维度、组织维度和能力维度的不断提升，虚拟联盟协同战略的实施空间会不断拓展，并将虚拟联盟的战略目标纳入其协同战略实施的可行空间中（如图 4 - 2 中状态 2 所示）。此时，装备制造业与生产性服务业虚拟联盟的协同战略处于实施过程中，并在虚拟联盟管理者能力、虚拟联盟组织体系以及虚拟联盟内各类资源的共同作用下得以逐步实现。

虚拟联盟管理者能力方面，主要强调联盟管理者不断重构、高效配置各种联盟资源的能力，以及通过联盟战略决策来决定联盟的发展方向和运行方式的能力。

虚拟联盟组织体系方面，主要强调使虚拟联盟在不确定的宏观环境和不稳定的内部要素背景下形成良好组织结构和组织惯性的能力，联盟中装备制造企业与生产性服务企业等各成员间的关联机制与关联方式，互补机制与互补方式，以及虚拟联盟共同的理念、价值观、行为准则和伦理道德规范决定了虚拟联盟的组织体系。虚拟联盟的组织体系需要能够根据联盟外部环境和内部要素的变化进行适时适度的调整，保证虚拟联盟组织体系的柔性和敏捷性。

虚拟联盟资源保障方面，主要强调可用于基于虚拟联盟的装备制造业与生产性服务业融合的各类资源，而非虚拟联盟成员原有各种资源的简单累加。保障虚拟联盟的资源供给，需要明确联盟内各类成员的资源禀赋特征、资源保障意愿、能力与对应的责任，将资源保障任务细化到具体的联盟成员，并制定相应的资源保障制度及实施细则。

3. 虚拟联盟协同战略的控制

虚拟联盟协同战略的控制贯穿于基于虚拟联盟的装备制造业与生产性服务业战略协同的全过程，在虚拟联盟协同战略形成和实施的过程中，虚拟联盟要根据联盟协同战略目标的执行情况对协同战略进行实时控制，依据虚拟联盟外部宏观环境及内部各成员要素的变化进行联盟协同战略的调整，甚至从根本上重新建立虚拟联盟的协同战略。在此过程中，对联盟协同战略目标的执行情况（即对虚拟联盟的战略协同性进行评价）是进行虚拟联盟协同战略控制的关键。针对虚拟联盟战略协同性进行评估，将实际效果与联盟战略目标进行对比分析，寻找偏差及其原因，进而提出相应的协同战略调整策略。

通过对虚拟联盟协同战略形成、实施和控制的科学管理，可以有效实现装备制造业与生产性服务业的战略协同，从而为实现基于虚拟联盟的装备制造业与生产性服务业融合提供前提条件和战略引导。

4.2.2　虚拟联盟的组织模式选择

1. 虚拟联盟组织模式的分类

在基于虚拟联盟的装备制造业与生产性服务业融合过程中，虚拟联盟是其组织形式的外在具体表现。因此，确定基于虚拟联盟的装备制造业与生产性服务业融合组织模式，首要的是确定虚拟联盟的组织模式类型。虚拟联盟的组织模式可以从联盟成员间的股权关系和联盟管理层次等多维视角进行划分。

（1）按照虚拟联盟成员股权关系划分。虚拟联盟作为一种显性合作模式，可被划分为股权联盟和非股权联盟两类，其中股权联盟一般是通过虚拟联盟内的装备制造企业与生产性服务企业等主体通过合资成立独立公司来实现融合，联盟各方可以均分股份，也可以根据协议拥有不同比例的股权。股权型虚拟联盟模式有利于装备制造业与生产性服务业等各成员间包括隐性知识等资源的有效转移，其运作更接近于层级控制。而非股权联盟则是虚拟联盟内的装备制造企业与生产性服务企业等主体通过不涉及股权分享的合同而形成的，可进行协同供应、生产与销售的联盟模式，其关注的重点为市场因素和信息共享因素，该联盟模式由于不需要来自盟友的承诺，因此不够正式，不适宜复杂情形下的虚拟联盟的存续与发展，无法有效实现基于虚拟联盟的装备制造业与生产性服务业的融合。

（2）按照虚拟联盟管理层次划分。从虚拟联盟管理层次的视角来看，其组织模式可以从虚拟联盟成员的具体经营层面和联盟成员层面进行细分。

经营层虚拟联盟模式按照其具体目的来看，可以划分为如下几种类型：

一是为满足市场需求，以一方主体补充进入另一方而形成的虚拟联盟，一般表现为生产性服务业补充进装备制造业来满足市场对于"装备 + 服务"包的需求；二是为了获取市场竞争优势，以多方主体策略形成的虚拟联盟，一般表现为多个装备制造主体与生产性服务业或中介机构合作构成虚拟联盟，这种虚拟联盟模式可以在扩大规模的前提下有效规避反垄断法律法规；三是为了应对市场竞争压力，当某一市场主体意识到其竞争者可能通过联盟方式获取相对市场竞争优势，或通过与其他市场主体的联盟来应对这种竞争压力时形成虚拟联盟，一般表现为同类型装备制造企业与生产性服务企业间的合作；四是为了应对风险和减少不确定性，市场主体通过虚拟联盟的方式形成多元主体的合作关系，通过这种合作可以有效阻挡风险和不确定性，一般表现为配套装备制造企业、生产性服务企业、中介机构与主管部门间的多主体合作。对于经营层虚拟联盟模式的选择应基于联盟目标，综合考虑虚拟联盟成员的价值创造方式，从竞争和收益两个维度予以确定。

成员层联盟模式可以划分为多元化虚拟联盟模式、协同式虚拟联盟模式和特许式虚拟联盟模式。多元化虚拟联盟模式是虚拟联盟成员为了将产品从传统的装备产品扩展到"装备 + 服务"或"成套装备 + 服务"领域，与其他主体通过非兼并和收购方式而组建的联盟体系。多元化虚拟联盟模式因不涉及兼并和收购问题，具有较大的灵活性，在虚拟联盟解体时的剥离成本较低，且在政府规制严格、限制水平收购与合并的情景下较为适用。协同式虚拟联盟模式是虚拟联盟成员为了实现范围经济，基于虚拟联盟平台在两个及两个以上的联盟成员间创造多个协同部门或协同职能。协同式虚拟联盟模式下的各成员可以充分发挥优势，在避免股权联盟的前提下取长补短，形成协同效应。特许式虚拟联盟是一种基于契约关系的虚拟联盟模式，有助于联盟成员通过非兼并和收购方式，利用盟友的资源和能力为自身在更广泛的空间和产品范围内创造价值。特许式虚拟联盟具有强中心控制和高知识转移特征，不仅可以通过形成多个同质性单位而获得规模效应，而且可以提高各同质性单元的效率。在进行成员层面联盟模式选择时，多元化虚拟联盟模式主要适用于需要降低风险且水平产业融合受到政府规制的情形；协同式虚拟联盟模式主要适用于追求规模经济效应，且联盟内各成员需要高度协同的情形；特许式虚拟联盟模式则适用于追求提供多样化选择且无法增加新产品的情形。

2. 虚拟联盟组织模式确定

装备制造业与生产性服务业虚拟联盟组织模式的确定是虚拟联盟盟主在明确自身业务范围和战略目标的基础上，确定是否进行虚拟联盟构建，进而确定虚拟联盟组织形式、选择竞合模式、确定融合领域的过程。虚拟联盟组织模式的确定过程如图4-3所示。

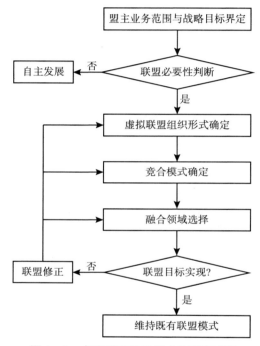

图4-3 虚拟联盟组织模式的确定过程

资料来源：笔者自制。

（1）盟主业务范围与战略目标界定。盟主是虚拟联盟的发起者和核心所在，因此虚拟联盟盟主的业务范围和战略目标在很大程度上决定了虚拟联盟的整体业务范围和战略目标。界定虚拟联盟盟主的业务范围主要是确定其市场需求和核心竞争力，并以此作为联盟业务范围设计与竞争优势构建的基础。

（2）虚拟联盟必要性判断。对虚拟联盟建设的必要性进行判断，主要在于判断盟主企业的战略目标是否能在没有虚拟联盟的前提下得以实现，表现为实现装备制造业与生产性服务业的有机融合，内涵为实现装备制造业与生产性服务业资源的优化配置，提升产业核心竞争力和价值创造效率。

（3）虚拟联盟组织形式确定。在判定构建虚拟联盟为必选项的基础上，需要确定虚拟联盟的具体组织形式。虚拟联盟组织形式的确定是实现基于虚拟联盟的装备制造业与生产性服务业融合的重点。从宏观层面来看，虚拟联盟的组织形式主要有两种选择，基于股权的虚拟联盟与非股权虚拟联盟，其细分组织形式如前面所述。相比于基于股权的虚拟联盟组织形式，基于契约的非股权虚拟联盟形式不仅能够使虚拟联盟具备更高的灵活性和自由度，能够获得更好的经济效益表现，而且联盟的组建成本和退出成本更低；而相较于非股权虚拟联盟形式，基于股权的虚拟联盟形式则在联盟稳定性、联盟成员信任感与责任感等方面具备相对优势。在确定虚拟联盟组织形式时，联盟盟主需要根据拟建立虚拟联盟的内外部因素综合进行考量。

（4）虚拟联盟成员要素竞合模式确定。一般意义上，虚拟联盟内各成员间的竞合模式选项有三种：先竞争、后合作，合作与竞争并行，对内合作、对外竞争。虚拟联盟成员要素间的竞合模式要根据各成员资源、竞争性及外部环境等因素予以确定。从装备制造业与生产性服务业虚拟联盟的具体情况来看，由于投入产出等天然联系的存在，无论虚拟联盟的盟主是谁，都改变不了虚拟联盟内装备制造企业与生产性服务企业合作与竞争并行的初始状态。而随着虚拟联盟内各成员战略与利益协同性的不断提升，虚拟联盟必然会走向对内合作、对外竞争的竞合模式。

（5）融合领域选择。虽然虚拟联盟的存在为装备制造企业、生产性服务企业和中介机构等主体的合作提供了平台与基础，并在一定程度上统一了虚拟联盟内各成员的利益关系，但这并不意味着虚拟联盟中的成员会在所有领域进行融合，因此需要对虚拟联盟各成员的合作领域，即融合领域进行选择。选择融合领域应按照价值创造的原则进行，通过确定价值活动类型，并对合作过程中的价值创造进行预估来界定虚拟联盟各成员的融合领域，进而确定哪种价值创造活动是各成员的融合重点，以及采用哪种具体形式进行相应融合。

基于上述过程就可以确定装备制造业与生产性服务业虚拟联盟的基本组织形式，即基于虚拟联盟的装备制造业与生产性服务业融合组织形式，进而形成相应的融合组织架构和融合组织体系。

4.2.3　虚拟联盟的沟通协调

装备制造业与生产性服务业虚拟联盟在运行的过程中，其熵是不断增加的，而熵值增加效应会导致虚拟联盟进入一个有序性减弱而无序性增强的不可逆过程，不仅会给虚拟联盟的效率和效益带来负面影响，甚至会导致虚拟联盟分解。为了维持实现装备制造业与生产性服务业虚拟联盟的高效运转，需要向虚拟联盟输入"负熵"，而沟通协调就可以实现虚拟联盟负熵的输入。装备制造业与生产性服务业虚拟联盟的沟通协调贯穿于虚拟联盟运行的各层面，其核心是虚拟联盟内各成员在利益层面的沟通协同，并外显于战略与业务层面的沟通协调。

战略协调是实现装备制造业与生产性服务业虚拟联盟内各成员间不同战略相互适应、相互协调的过程，通过各成员的战略协调可以实现对联盟战略的有效支撑。通过有效的战略沟通协调，不仅可以实现联盟层面的科学战略决策，而且可以有效解决虚拟联盟成员间的理念及利益冲突，为基于联盟的产业融合奠定基础。

利益协调是实现装备制造业与生产性服务业虚拟联盟内各成员在确定联盟整体战略和各职能或成员子战略的基础上，通过沟通协调构建虚拟联盟利益分配机制的完整过程。虚拟联盟各成员间利益的有效协调不仅可以延伸战略协调的成果，保障虚拟联盟战略目标的实现，而且可以有效保障虚拟联盟中弱势参与者的利益，维护虚拟联盟的稳定，实现虚拟联盟整体利益的最大化。

业务协调是实现装备制造业与生产性服务业虚拟联盟内各成员沟通协调的具体实现过程，是虚拟联盟沟通协调的最低层次。虚拟联盟在业务层面的沟通协调涉及联盟内的多个主体和多项内容，情形较为复杂多样。基于虚拟联盟内各成员协商议定的业务层运行规则、规范和流程，可以实现虚拟联盟业务层面的高效沟通协调及虚拟联盟业务的重组、整合与优化，实现装备制造业与生产性服务业的真正融合。

1. 虚拟联盟战略层面的沟通协调

对于虚拟联盟而言，其战略层面的沟通协调主要体现在虚拟联盟内各成员对联盟战略及彼此战略的认知、认同和支持。在装备制造业与生产性服务业虚拟联盟形成且实现战略协同的基础上，各成员要根据虚拟联盟及其自身能力与资源配置状况，以及虚拟联盟及其自身所处的宏微观环境进行 SWOT 分析，挖掘虚拟联盟整体、成员自身及联盟伙伴的竞争优势与劣势，识别机会与威胁，通过有效的沟通协调平台实现对虚拟联盟整体战略与各成员子战略的调整和优化，形成更符合虚拟联盟 SWOT 特征的新战略。

　　对于装备制造业与生产性服务业虚拟联盟而言，根据其 SWOT 分析结果，可基于如图 4 - 4 所示的四种基本战略实现虚拟联盟战略层面的沟通协调。

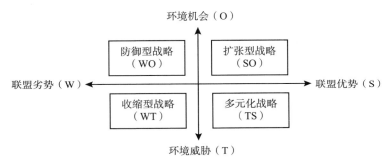

图 4 - 4　基于 SWOT 分析虚拟联盟基本战略体系

资料来源：笔者自制。

　　当装备制造业与生产性服务业虚拟联盟在联盟能力及资源等方面具备相对竞争优势，且外部环境有利于虚拟联盟发展时，联盟内各成员应以扩张联盟业务范围为导向进行联盟战略与自身子战略的沟通协调，以实现虚拟联盟的扩张式发展，将更多的装备制造价值环节和生产性服务价值环节纳入虚拟联盟体系，在更大的范围内实现装备制造业与生产性服务业的融合。

　　当装备制造业与生产性服务业虚拟联盟在联盟能力及资源等方面具备相对竞争优势，且外部环境不利于虚拟联盟发展时，联盟内各成员应以应对环境威胁为着眼点，通过有效的沟通协调对虚拟联盟整体战略与自身子战略进行调整。主要思路是发挥虚拟联盟能力和资源优势，通过在联盟内引入不同类型的装备制造价值环节和生产性服务价值环节实现多元化战略，以分散风险、应对环境威胁。

　　当装备制造业与生产性服务业虚拟联盟在联盟能力及资源等方面存在相对竞争优势，但外部环境有利于虚拟联盟发展时，联盟内各成员应以防御型战略为基本战略进行联盟战略与自身子战略的沟通协调。此时虚拟联盟虽存在于利于其发展的环境之中，但联盟内各成员在能力及资源方面的劣势使其无法有效抓住环境机会，因此需要通过沟通交流实现有效的联盟防御，防止联盟出现因对环境机会的不同认识而造成的瓦解。在此情形下，联盟内各成员应着眼于提升联盟相对竞争优势，通过有效的沟通交流对战略进行及时调整，提高装备制造业与生产性服务业虚拟联盟治理，实现高质量的产业融合。

当装备制造业与生产性服务业虚拟联盟在联盟能力及资源等方面存在相对竞争优势，且外部环境有利于虚拟联盟发展时，应以收缩型战略为导向进行沟通协调，以在自身缺乏竞争优势的情形下应对环境带来的威胁。此时虚拟联盟战略沟通协调的重点是放弃某些装备制造价值环节和生产性服务价值环节，以及相应善后事宜如何处理。通过有效的沟通协调，虚拟联盟可以以较低的退出成本或沉没成本实现其收缩战略。

需要指出的是，虽然装备制造业与生产性服务业虚拟联盟在其构建时就对联盟伙伴选择以及联盟伙伴战略协同性进行了考察，但这并不能确保带来相对竞争优势和战略的高度匹配。由于虚拟联盟及其内部各成员竞争力的相对性特征，使得部分虚拟联盟缺乏相对竞争优势成为常态，因此防御型战略和收缩型战略仍在虚拟联盟战略沟通协调的范畴内。

2. 虚拟联盟利益层面的沟通协调

装备制造业与生产性服务业虚拟联盟在利益层面主要强调经济利益的协调。如果缺乏合理有效的利益协调机制，装备制造业与生产性服务业虚拟联盟将无法实现有效运转。利益层面的沟通协调处于战略沟通协调和业务沟通协调之间，可以有效调动虚拟联盟内各成员的主动性和创造性，保障虚拟联盟持续稳定的发展。虚拟联盟利益层面的沟通协调被认为是关系到虚拟联盟能否实现合作的最为关键的要素，需要有明确的利益分配制度和良好的执行措施予以保障。

总体上，装备制造业与生产性服务业虚拟联盟内的各成员通过沟通协调实现其价值观的一致性，并在利益分配上实现意见统一。在此基础上构建完善的利益分配制度，实现长期稳定发展。制度性利益分配机制的构建可以通过契约的形式保障各方利益，并对虚拟联盟内各成员的行为进行约束。如果既有的利益分配机制不能保障虚拟联盟的稳定发展，则需通过沟通协调的方式对利益分配机制进行优化调整。

具体来看，装备制造业与生产性服务业虚拟联盟在利益层面的沟通协调需经过如下步骤得以实现。

（1）建立虚拟联盟内各成员的谈判机制。装备制造业与生产性服务业虚拟联盟的利益分配是一个复杂的博弈过程，因此虚拟联盟需要建立一套行之有效的联盟成员谈判机制。在实现战略层面沟通协调的基础上，成员可以通过整体谈判或多边谈判、集中谈判或反复博弈等多种形式来实现有效谈判。虚拟联盟内各成员的谈判主要围绕利益分配这一核心问题展开，其过程如图 4 - 5 所示。

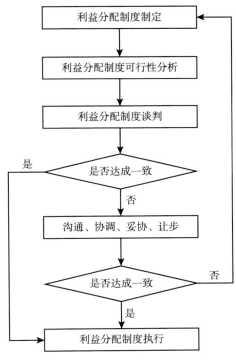

图 4 - 5　虚拟联盟成员谈判过程

资料来源：笔者自制。

在装备制造业与生产性服务业虚拟联盟内各成员的谈判过程中，首先要进行利益分配制度的制定，不仅要考虑虚拟联盟内各成员的重要程度及其在价值创造方面的贡献，还要兼顾虚拟联盟内相对弱势成员的利益诉求，防止因利益分配给虚拟联盟的稳定发展造成隐患。其次，对虚拟联盟利益分配制度的可行性进行分析，确定可能的利益分配制度是否被虚拟联盟成员所接受，并具有被贯彻执行的可行性。再次，对可行的利益分配制度进行沟通协调，确定虚拟联盟各方能否就利益分配制度达成一致，如果达成一致则以契约形式固定既有利益分配制度；如果未达成一致则进行进一步的沟通与协调，以期通过虚拟联盟各方成员的妥协与让步达成一致。最后，对在妥协与让步基础上形成的新的利益分配制度进行新一轮的谈判，如果达成一致则以契约形式固定新的利益分配制度；如果仍不能达成一致，则需要对利益分配制度进行重新制定，并再一次履行后续的可行性分析、谈判、修订等一系列流程。

（2）确定虚拟联盟利益分配机制。主要涉及利益分配原则和利益分配方法两项内容。

①虚拟联盟利益分配原则。装备制造业与生产性服务业虚拟联盟的利益分配应遵循公平公正原则和权责对等原则。公平公正是虚拟联盟在进行利益分配时应遵循的首要原则。公平公正原则要求虚拟联盟在利益分配的过程中以联盟成员贡献为基础，运用合理的方法和工具确定利益分配的具体措施。公平公正原则不仅体现在虚拟联盟利润的分配上，还体现在知识产权等无形资产的分配上。遵循公平公正原则要求摒弃传统上少数服从多数的决策模式，充分考虑虚拟联盟中少数弱势成员的利益诉求，防止因利益分配不均而导致的联盟失调。权责对等原则的核心是强调在利益分配过程中要实现虚拟联盟内各成员付出与回报间的对等关系，各成员所能获得的利益回报要与其在虚拟联盟发展过程中做出的贡献和承担的风险相匹配。衡量虚拟联盟内各成员所做的贡献，不仅要考虑其投入的各种人力、财力、物力资源，还要考虑其在实现联盟利益等方面做出的贡献（如拓展市场）。此外，风险因素也是利益分配过程中需要考虑因素，一般情况下承担的风险越大，获得的收益就越高，无论风险因素有没有转化为现实损失，都应遵循这一原则。

②虚拟联盟利益分配方法。虚拟联盟的利益分配方法包括定性方法和定量方法等多种细分方法，不同方法具有其特定的适用领域。从装备制造业与生产性服务业虚拟联盟的利益分配特点来看，采用纳什谈判模型（Nash Bargaining Model）进行虚拟联盟的利益分配具有较高的适用性。基于纳什谈判模型进行装备制造业与生产性服务业虚拟联盟的利益分配的策略如下：

假设装备制造业与生产性服务业虚拟联盟内各成员应遵循一定的合理性假设，以实现利益的合理分配。则纳什谈判模型的解即是实现虚拟联盟合理利益分配的解。

设 $B = \{u, v\}$ 为纳什谈判模型的唯一理性解，则：$\{u, v\}$ 属于可行解 G；$u \geqslant u_0$ 且 $v \geqslant v_0$；$(u - u_0) \times (v - v_0)$ 最大化；(u_0, v_0) 是不劣冲突点。

在装备制造业与生产性服务业虚拟联盟内各成员的利益分配中，设 v_i 是成员 i 进入联盟前的收益，u_i 是其进入联盟后的收益，记联盟利益分配向量 $U = (u_1, u_2, \cdots, u_n)$，则其解为式（4-21）的最优解：

$$\begin{cases} maxZ = \prod_{i=1}^{n} (u_i - v_i) \\ s.t. \sum_{i=1}^{n} u_i = v(N), u_i \geqslant 0 \end{cases} \qquad (4-21)$$

式（4-21）中的 $v(N)$ 表示装备制造业与生产性服务业虚拟联盟的总收益；通过对式（4-21）的求解，即可得到虚拟联盟利益分配的合理解。

3. 虚拟联盟业务层面的沟通协调

装备制造业与生产性服务业虚拟联盟在业务层面的沟通协调主要涉及联盟业务流程优化、信息管理和实时控制三个方面。

（1）联盟业务流程优化的沟通协调。在基于虚拟联盟的装备制造业与生产性服务业融合过程中，联盟内各成员需基于联盟在产品、服务、效率和效益等方面的目标对联盟业务流程进行优化。不同于业务流程再造（business process reengineering，BPR）追求对业务流程根本性、革命性的变革，通过业务流程优化可以对虚拟联盟的主要流程进行渐进式革新，以形成更为合理高效的业务流程。在联盟业务流程优化的沟通协调过程中，联盟内各成员应从联盟整体视角出发，设立由多主体构成的专业性的业务流程优化工作组，负责各成员间业务流程优化的沟通协调与组织落实。业务流程优化工作组的成员要兼顾"业务"和"管理"两方面的要求，工作组成员应各司其职、权责分明，避免外行管理内行等问题出现。

业务流程优化工作组通过对联盟内各成员原有业务流程的梳理、分解和重构，发现并解析原有业务流程中存在的问题；在整体流程最优目标引导下设计虚拟联盟新的主流程，并将其进行确定和实施，进而在实践中进行检验，以确定业务流程优化效果。如果虚拟联盟业务流程优化达到预期效果，则将该流程以制度形式进行固化；如果业务流程优化没有达到预期效果，则需对流程进行重新优化，直至满足优化要求，形成合理、高效的虚拟联盟主流程。在进行虚拟联盟业务流程优化过程中，联盟内各成员间既有业务的交叉点的整合与优化是联盟业务流程优化的重点。

在虚拟联盟主业务流程优化的基础上，联盟内各成员还要通过彼此间的沟通协调，基于联盟主流程对自身流程进行适应性调整，降低联盟业务流程优化对自身的负面影响。虚拟联盟业务流程优化的总体过程如图4-6所示。

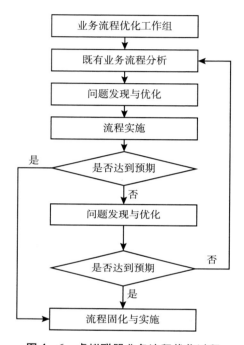

图 4-6 虚拟联盟业务流程优化过程

资料来源：笔者自制。

（2）虚拟联盟信息管理的沟通协调。在虚拟联盟的沟通协调过程中，及时而准确的信息传递是实现虚拟联盟内各成员高效沟通协调的前提和基础，也是实现基于虚拟联盟的装备制造业与生产性服务业融合的关键。由于牛鞭效应的存在，装备制造业与生产性服务业虚拟联盟内部分信息的微小失真会通过逐级放大效应影响整个虚拟联盟的正常运行，因此必须重视装备制造业与生产性服务业虚拟联盟信息管理过程中的沟通协调问题。虚拟联盟信息管理的沟通协调贯穿于信息传递、信息共享和信息集成等多个信息管理过程之中。

信息传递是信息沟通协调的基础层，通过虚拟联盟各成员对应职能部门间的直接信息传递得以实现；信息共享需要借助现代化的综合信息管理系统的支持，传统意义上单纯的信息传递体系已不能满足信息共享的需要，应综合运用网络技术、云存储与云计算技术和计算机技术等现代信息技术构建紧密协调的业务单元和信息单元，实现信息的高度共享；信息集成以信息共享为前提，虚拟联盟内各成员进行高水平信息合作，基于联盟高度对信息进行分析和处理，从而为联盟决策提供依据。

（3）虚拟联盟监督与控制的沟通协调。为保证装备制造业与生产性服务业虚拟联盟业务活动实现过程中各环节与各步骤能够按照预期计划得以实施，并实现预期目标，需对装备制造业与生产性服务业虚拟联盟的业务活动进行必要的监督与控制，以保证虚拟联盟各项业务活动的顺利开展。

在装备制造业与生产性服务业虚拟联盟监督与控制的沟通协调过程中，联盟内各成员应形成关于日程业务协调的规章与制度，确定沟通频率、沟通方式和主要内容。在具体沟通协调过程中，要制定完善的监督与控制体系，把握好原则性和灵活性的辩证关系，既要及时发现和处理好联盟监督与控制过程中存在的问题，又不可因监督与控制影响虚拟联盟的稳定合作关系。

4.3　基于虚拟联盟的产业融合利益的分配

4.3.1　利益分配方法选择

融合利益分配是直接关系到装备制造业与生产性服务业虚拟联盟存续与发展，以及运作效率和效益的关键因素。虽然理论上存在诸多影响装备制造业与生产性服务业虚拟联盟发展质量的因素，但利益分配是其中最为核心的因素之一。从基于虚拟联盟的装备制造业与生产性服务业融合实践来看，利益分配分歧是导致联盟解体的主要因素。虚拟联盟的利益分配是一个复杂的系统性问题，既不能采取简单平均分配的方式，也不宜按照联盟资源投入比例分析，采用按联盟成员努力程度分配亦不甚合理。虽然上述指标均可作为虚拟联盟利益分配的参考依据，但其本身的评价尚存在诸多争议。装备制造业与生产性服务业虚拟联盟是一个以满足"装备 + 服务"复合型需求为目标，以产业异质性资源共享和优势互补为手段，由装备制造企业、生产性服务企业、中介服务机构、高校和科研院所、政府与行业主管部门等诸多主体构成的联盟组织，其首要目标是通过产业融合满足市场需求，提升自身竞争力，以获得更多利益。因此，利益是驱动装备制造业与生产性服务业虚拟联盟形成与发展的核心动因之一。没有科学合理的利益分配机制，不仅会导致装备制造业与生产性服务业虚拟联盟的发展失去动力，而且会削弱虚拟联盟存续的意义。所以，有必要建立科学、合理而高效的装备制造业与生产性服务业虚拟联盟利益分配机制。

基于虚拟联盟的装备制造业与生产性服务业融合过程中的利益分配问题是一个典型的合作博弈问题。联盟利益分配方面的相关研究较为成熟，所形成的研究成果显示夏普利值法和基于纳什谈判定理的利益分配模型是获得广泛认可的联盟利益分配方法。基于夏普利值法的虚拟联盟利益分配以三个公理为基础进行动态博弈，当博弈结果满足三个公理时即可得到唯一的博弈稳定态，该求解过程即可视为寻求联盟利益分配最优解的过程，通过求得装备制造业与生产性服务业虚拟联盟各方的夏普利值，即可基于其权重进行利益分配。基于纳什谈判定理的虚拟联盟利益分配以纳什均衡为基础，使每个参与成员的策略对其他成员为最优反应。纳什均衡能够较好地反映虚拟联盟利益分配的本质，当达到纳什均衡时，虚拟联盟内各成员如果改变自身利益策略，则只会对其利益分配产生负面影响，此时纳什均衡将达到稳定态。需要指出的是，纳什均衡的稳定态未必是利益分配的最优解，但却为虚拟联盟的利益分配提供了可行方案。

4.3.2 基于夏普利值法的虚拟联盟利益分配

夏普利值法主要用于多主体的虚拟联盟的利益分配。夏普利值法通过对联盟成员进入虚拟联盟前后收益的对比来体现进入虚拟联盟的增量价值，其优点是能够基于虚拟联盟内各成员的贡献确定其利益分配，以实现利益分配的公平合理；其缺点则是没有充分考虑贡献之外，如承担风险等利益分配影响因素。由于夏普利值法主要是对最终利益产出进行分配，因此可通过对利益产生过程中的风险承担因素进行理想化假设，以生产实践为依据进行消除的方式予以应对，提高夏普利值法的可靠性。

1. 夏普利值法的基本概念

假设虚拟联盟内共有 N 个成员，设其集合为 I，则 I = {1，2，3，…，N}，设 S 是 I 的一个可形成联盟的子集，记 V(I) 为 I 的特征函数，表示联盟 S 可获得的最大收益。虚拟联盟内 N 个成员合作对策的解是 V(I) 的一个分配方案。记 $\phi_i(V)$ 为虚拟联盟内第 i 个成员的融合收益，$\phi_i(V) = \{\phi_1(V), \phi_2(V), \cdots, \phi_n(V)\}$ 为基于虚拟联盟的装备制造业与生产性服务业融合利益分配的一个方案。

2. 夏普利值法三公理

夏普利（Shapley）提出了合作博弈中利益分配的夏普利值法三公理，具体内容如下。

一是利益分配的对称性，即若虚拟联盟成员 i 和 j 属于 I，则对 S⊂I\\{i, j} 总有 V(S∪{i}) = V(S∪{j})，则 $\phi_i(V) = \phi_j(V)$。

二是利益分配的有效性，一方面如果某一虚拟联盟内的成员对联盟发展没有贡献，则其利益分配应为 0；另一方面，虚拟联盟内所有成员分配利益之和应与融合总收益相等，即：

$$\sum_{i=1}^{n} \phi_i(V) = \Phi(V) \tag{4-22}$$

三是利益分配的可加性，即对 C 的特征函数 U 和 V，有：

$$\Phi(U+V) = \Phi(U) + \Phi(V) \tag{4-23}$$

满足对称性、有效性和可加性的值即为夏普利值，对任意 N 人合作，夏普利值唯一，且满足：

$$\phi_i(V) = \sum_{L \in L_i} W(|S|)[V(S) - VS/\{i\}] \tag{4-24}$$

其中：Si 是 I 中包含虚拟联盟成员 i 的所有子集，|S| 是集合 S 中的联盟成员数量，S/{i} 为虚拟联盟 S 除去成员 i 后的联盟，V(S) – V(S/{i}) 为虚拟联盟成员 i 对 S 的贡献，W(|S|) 为加权因子，且：

$$W(|S|) = \frac{(|S|-1)(n-|S|)}{n!} \tag{4-25}$$

其中：$n! = n \cdot (n-1) \cdots 2 \cdot 1$。

3. 夏普利值法在虚拟联盟利益分配中的应用

无论是装备制造企业还是生产性服务企业，抑或是中介机构，其作为一个经济主体加入虚拟联盟的基本条件是加入联盟后所获取的综合利益大于其加入联盟时的收益，这就要求虚拟联盟不仅能够创造多于各成员原有利益之和的收益，而且能够对额外收益进行公平分配。前一要求可通过虚拟联盟目标约束和联盟成员选择机制等予以保障；而后一要求则借助夏普利值法等方法进行公平而有效的利益分配。

逻辑上，装备制造业与生产性服务业虚拟联盟的利益产出与联盟内各成员的贡献呈正相关关系。考虑到虚拟联盟收益的边际递减效应，虚拟联盟收益与联盟各成员贡献总和之间是一个指数小于1的函数关系，且有该函数的二阶导数小于零。

设装备制造业与生产性服务业虚拟联盟的利益产出与联盟内各成员贡献间的函数关系如式（4－26）所示：

$$V(X) = \alpha_1 \cdot X + \alpha_2 \cdot X^m + \alpha_3 \qquad (4-26)$$

其中 α_1、α_2、α_3 和 m 为常数；根据装备制造业与生产性服务业虚拟联盟利益产出与联盟成员贡献关系的分析可以推断，$0 < \alpha_1 \le 2$，$0 < \alpha_2$，$0 \le \alpha_3$，$m \le 1$。在此基础上假设 $\alpha_1 = 1$、$\alpha_2 = 2$、$\alpha_3 = 0$ 和 $m = 1/2$，则式（4－26）可转化为：

$$V(X) = X + 2X^{\frac{1}{2}} \qquad (4-27)$$

对上式求一阶导数和二阶导数，可得：

$$V' = 1 + X^{-0.5}$$

$$V'' = -0.5X^{-1.5}$$

由一阶导数的求导结果大于零可以推断，装备制造业与生产性服务业虚拟联盟的利益会随着联盟成员的增加而增加；由二阶导数求导结果的系数小于零可以推断，虽然装备制造业与生产性服务业虚拟联盟的利益会随着联盟成员的增加而增加，但其增幅会不断降低，该结果与虚拟联盟的利益创造实践相符，因此前面对相关系数取值的假设处于合理和有效取值范围内。

假设一个产业融合中介企业（IM）、一个生产性服务企业（PS）和一个装备制造企业（EM）构成了一个虚拟联盟，其对虚拟联盟利益产出的贡献分别为9、16和25，基于式（4－26）可得装备制造业与生产性服务业虚拟联盟特征函数值如表4－4所示。

表4－4　　　　　　　　　　虚拟联盟特征函数值

联盟成员	贡献数值	特征函数值
中介企业（IE）	9	9

联盟成员	贡献数值	特征函数值
生产性服务企业（PS）	16	16
装备制造企业（EM）	25	25
中介企业与生产性服务企业联盟（IE×PS）	25	35
中介企业与装备制造企业联盟（IE×EM）	34	46
生产性服务企业与装备制造企业联盟（PS×EM）	41	54
中介企业、生产性服务企业与装备制造企业联盟（IE×PS×EM）	50	64

注：当联盟中仅有中介企业、生产性服务企业或装备制造企业等一个成员时，不构成联盟，因此联盟收益即该成员自身收益；当联盟中仅有中介企业与生产性服务企业或装备制造企业时，亦不能称之为装备制造业与生产性服务业虚拟联盟，因此上述情形下的相关结果仅作为联盟利益分配方法的参考。计算结果保留到整数。

资料来源：笔者自制。

具体来看，对于中介企业而言：

$V(IE \times PS) = 35 > V(IE) + V(PS) = 25$

$V(IE \times EM) = 46 > V(IE) + V(EM) = 34$

$V(IE \times PS, EM) = 64 > V(IE) + V(PS) + V(EM) = 50$

对于生产性服务企业而言：

$V(PS \times IE) = 35 > V(PS) + V(IE) = 25$

$V(PS \times EM) = 54 > V(PS) + V(EM) = 41$

$V(PS \times IE, EM) = 64 > V(PS) + V(IE) + V(EM) = 50$

对于装备制造企业而言：

$V(EM \times IE) = 46 > V(PS) + V(IE) = 25$

$V(EM \times PS) = 54 > V(PS) + V(EM) = 41$

$V(EM \times IE, PS) = 64 > V(EM) + V(IE) + V(PS) = 50$

上述结果表明装备制造业与生产性服务业虚拟联盟创造的利益产出不低于其成员利益产出之和，可见虚拟联盟可以有效增加成员的收益。

为了进行公平合理的虚拟联盟增量利益分配，需要对装备制造业与生产性服务业虚拟联盟各成员的贡献进行测度。基于前面成果可知，虚拟联盟成员的贡献可通过式 $V(S) - V(S/\{i\})$ 进行测度。具体测度结果如下：

中介企业在不同联盟情形下的贡献值为：

$\{IE\}9 - 0 = 9$；$\{IE \times PS\}35 - 16 = 19$；

$\{IE \times EM\}46 - 25 = 21$；$\{IE \times PS, EM\}64 - 54 = 10$；

生产性服务企业在不同联盟情形下的贡献值为：

$\{PS\}16 - 0 = 16$；$\{PS \times IE\}35 - 9 = 26$；

$\{PS \times EM\}54 - 25 = 29$；$\{PS \times IE, EM\}64 - 46 = 18$；

装备制造企业在不同联盟情形下的贡献值为：

$\{EM\}25 - 0 = 25$；$\{EM \times IE\}46 - 9 = 37$；

$\{EM \times PS\}54 - 16 = 38$；$\{EM \times IE, PS\}64 - 35 = 29$；

在此基础上，基于夏普利值测度虚拟联盟各成员的收益。其中，中介企业的收益如表 4-5 所示。

表 4-5 　　　　　　　　中介企业在虚拟联盟中的收益

S	$\{IE\}$	$\{IE \times PS\}$	$\{IE \times EM\}$	$\{IE \times PS, EM\}$
V(S)	9	35	46	64
V(S\ $\{i\}$)	0	16	25	54
V(S) − V(S\ $\{i\}$)	9	19	21	10
$\|S\|$	1	2	2	3
W($\|S\|$)	1/3	1/6	1/6	1/3
W($\|S\|$)[V(S) − V(S\ $\{i\}$)]	3	3.17	3.5	3.33
$\Phi_i(V)$	13			

资料来源：笔者自制。

在上述假设基础上，中介企业在装备制造业与生产性服务业虚拟联盟中的利益分配 $\Phi_1(V) = 9 \times 1/3 + 19 \times 1/6 + 21 \times 1/6 + 10 \times 1/3 = 13$。

同理可求得生产性服务企业的收益如表 4-6 所示。

表 4-6 　　　　　　　　生产性服务企业在虚拟联盟中的收益

S	$\{PS\}$	$\{PS \times IE\}$	$\{PS \times EM\}$	$\{PS \times IE, EM\}$
V(S)	16	35	54	64
V(S\ $\{i\}$)	0	9	25	46
V(S) − V(S\ $\{i\}$)	16	26	29	18
$\|S\|$	1	2	2	3
W($\|S\|$)	1/3	1/6	1/6	1/3

续表

S	{PS}	{PS×IE}	{PS×EM}	{PS×IE, EM}
W(|S|)[V(S) – V(S\ {i})]	5.33	4.33	4.83	6
$\Phi_i(V)$			20.49	

资料来源：笔者自制。

生产性服务企业在装备制造业与生产性服务业虚拟联盟中的利益分配 $\Phi_i(V) = 16 \times 1/3 + 26 \times 1/6 + 29 \times 1/6 + 18 \times 1/3 = 20.49$。

装备制造企业的收益如表4-7所示。

表4-7 装备制造企业在虚拟联盟中的收益

S	{EM}	{EM×IE}	{EM×PS}	{EM×IE, PS}
V(S)	25	46	54	64
V(S\ {i})	0	9	16	35
V(S) – V(S\ {i})	25	37	38	29
|S|	1	2	2	3
W(|S|)	1/3	1/6	1/6	1/3
W(|S|)[V(S) – V(S\ {i})]	8.33	6.17	6.33	9.67
$\Phi_i(V)$			30.5	

资料来源：笔者自制。

装备制造企业在装备制造业与生产性服务业虚拟联盟中的利益分配 $\Phi_i(V) = 25 \times 1/3 + 37 \times 1/6 + 38 \times 1/6 + 29 \times 1/3 = 30.5$。

需要指出的是，在基于虚拟联盟的装备制造业与生产性服务业融合实践过程中，联盟成员不会仅限于装备制造企业、生产性服务企业和中介企业等有限成员，不同虚拟联盟成员的数量存在较大差异。但利益产出的分配方法均可基于夏普利值的测度结果，以联盟成员在联盟利益产出中的贡献为基础对虚拟联盟的利益产出实现相对公平合理的分配。

4.3.3 基于纳什谈判定理的虚拟联盟利益分配

1. 纳什谈判定理相关概念

作为一种可应用于合作博弈关系中的利益分配方法，纳什谈判的解即是实现博弈过程中利益公平分配的有效策略。在基于虚拟联盟的装备制造业与生产性服务业融合利益分配过程中，一旦确定了纳什谈判的解，也就确定了利益分配的参考方案。由于合作博弈可看作非合作博弈的特殊形式，因此纳什均衡态就是利益分配方案的可行解。

在纳什均衡状态下，虚拟联盟每个成员的利益分配方案都是对其他成员利益分配方案的最优反应。在装备制造业与生产性服务业虚拟联盟的利益分配过程中，需要寻求一种让虚拟联盟各成员公平合理分配联盟利益的均衡解。不同于纯粹纳什均衡的保持静态平衡，装备制造业与生产性服务业虚拟联盟的利益分配目的在于实现虚拟联盟的稳定运行。在该均衡解对应的利益分配方案下，虚拟联盟内各成员会在完成自身任务之后获得相应利益。当虚拟联盟内各成员对利益分配无异议时，该利益分配方案就是有效的。

2. 基于纳什谈判的利益分配模型

在纳什谈判定理的基础上设计基于纳什谈判的装备制造业与生产性服务业融合利益分配模型。纳什谈判定理可作如下表述：

若 F 中 $\Phi(F, v) = (\Phi_1(F, v), \Phi_2(F, v) \cdots \Phi_n(F, v))$ 满足 $\Phi_i(F, v) > v_i (i = 1, 2, \cdots, n)$、$\Phi(F, v) \in F$，则函数：

$$\Phi(F, v) = (x_1 - v_1)(x_2 - v_2) \cdots (x_n - v_n) \tag{4-28}$$

将在点 x_1^*，x_2^*，$\cdots$，x_n^* 处取到唯一最大值。

基于纳什谈判定理，构建虚拟联盟下装备制造业与生产性服务业融合利益分配模型如下：

设虚拟联盟内 n 个成员结盟后的共创利益为 $\sum\limits_{i=1}^{n} v_i = n\bar{v}$，则式（4-28）有：

$$\Phi(F, v) = (x_1 - v_1)(x_2 - v_2) \cdots (n\bar{v} - x_n - \sum\limits_{j=1}^{n-1} v_j) \tag{4-29}$$

将式（4-29）对 x_1 求一阶导数可得：

$$(x_n - v_n) \prod\limits^{n-1} (x_j - v_j) - (x_i - v_i) \prod\limits^{n-1} (x_j - v_j) = 0 \tag{4-30}$$

由此可得：$(x_n - v_n) = (x_j - v_j)$。进而得到：

$$\sum\limits_{j=1}^{n} (x_j - v_j) = n(x_i - v_i) \tag{4-31}$$

在式（4-31）两端减去 $x_i - v_i$ 可得：

$$\sum_{j=1}^{n}(x_j - v_j) - (x_i - v_i) = \sum_{j=1}^{n}x_j - x_j - (\sum_{j=1}^{n}v_j - v_j) = v - x_i - \sum_{j=1}^{n}v_j$$
$$= (n-1)(x_i - v_i) \qquad (4-32)$$

对上式进行整理可得：

$$n\bar{v} - \sum_{j=1,j\neq1}^{n}v_j - x_i = (n-1)(x_i - v_i) \qquad (4-33)$$

即：

$$x_i = \frac{1}{n}\Big[n\bar{v} + (n+1)v_i - \sum_{j=1,j\neq1}^{n}v_j\Big](i = 1, 2, \cdots, n) \qquad (4-34)$$

上式即为基于虚拟联盟的装备制造业与生产性服务业融合利益分配纳什谈判模型。

3. 基于纳什谈判的利益分配算例

设存在一装备制造业与生产性服务业虚拟联盟，该虚拟联盟包含产业服务机构、中介企业、生产性服务企业和装备制造企业等四个成员，其原始收益分别为 3 万元、5 万元、6 万元和 8 万元，而形成虚拟联盟后的收益为 30 万元。根据前述公式可以分别测度产业服务机构、中介企业、生产性服务企业和装备制造企业形成联盟后的收益：

对于产业服务机构：

$$x_1 = \frac{1}{4}\big[30 + (4-1)\times3 - (5+6+8)\big] = 5$$

对于中介企业：

$$x_2 = \frac{1}{4}\big[30 + (4-1)\times5 - (3+6+8)\big] = 7$$

对于生产性服务企业：

$$x_3 = \frac{1}{4}\big[30 + (4-1)\times6 - (3+5+8)\big] = 8$$

对于装备制造企业：

$$x_4 = \frac{1}{4}\big[30 + (4-1)\times8 - (3+5+6)\big] = 10$$

基于上述测度结果可得装备制造业与生产性服务业虚拟联盟各成员在形成虚拟联盟前后的利益分配情况如表 4-8 所示。

表 4 – 8   虚拟联盟各成员联盟前后的利益分配

联盟成员	产业服务机构	中介企业	生产性服务企业	装备制造企业
联盟前收益	3	5	6	8
联盟前总收益	22			
联盟后总收益	30			
联盟后收益	5	7	8	10

资料来源：笔者自制。

　　需要指出的是，基于纳什谈判的利益分配是一个理想的利益分配模型，且没有考虑装备制造业与生产性服务业虚拟联盟内各成员资源投入、风险承担和努力程度等因素，因此具有简单易用的特点，适用于虚拟联盟结构相对简单情形下的联盟利益分配。

4.4　基于虚拟联盟的产业融合风险的管理

　　在基于虚拟联盟的装备制造业与生产性服务业融合过程中，由于虚拟联盟所处环境及联盟成员融合资源与融合意愿等要素的动态变化，会给虚拟联盟的稳定发展带来风险，造成诸如联盟成员退出甚至虚拟联盟解体等问题。因此，需要对基于虚拟联盟的装备制造业与生产性服务业融合过程中的风险进行有效控制。

　　基于经典的风险控制理论可知，对基于虚拟联盟的装备制造业与生产性服务业融合风险进行控制，首先要对基于虚拟联盟的产业融合风险因素进行识别，进而对各风险因素的作用机制进行分析与评价，确定各类风险发生概率及后果的严重程度；在此基础上基于风险评价结果，结合虚拟联盟所处的外部环境、联盟资源与能力状况进行风险应对策略的制定，构建完善的动态风险监控体系，形成对虚拟联盟风险的闭环控制。

4.4.1　基于虚拟联盟的产业融合风险因素识别与分析

1. 基于虚拟联盟的产业融合风险因素识别

基于虚拟联盟的装备制造业与生产性服务业融合风险主要来自虚拟联

盟外部环境、虚拟联盟及虚拟联盟成员三个层面。基于虚拟联盟的装备制
造业与生产性服务业融合外部环境风险是由环境因素的不确定性导致的
风险。

（1）虚拟联盟外部环境风险因素的识别。从装备制造业与生产性服务
业虚拟联盟的外部环境因素来看，市场需求风险、市场竞争风险、政策风
险、技术风险、金融风险和不可抗力风险是主要风险因素，如图4－7所示。

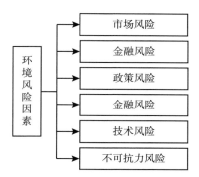

图4－7　虚拟联盟外部环境风险因素

资料来源：笔者自制。

（2）虚拟联盟层面风险因素的识别。装备制造业与生产性服务业虚拟
联盟的实现与发展是一个包含若干阶段的有机过程。通过前面基于虚拟联盟
的装备制造业与生产性服务业融合伙伴选择、融合实现过程和融合利益分配
的分析结果可以看出，该过程中虚拟联盟既受伙伴选择、联盟构建和利益分
配等阶段性融合要素的影响，又受融合过程中各虚拟联盟主体间沟通协调和
信任要素的全程性要素的影响。虚拟联盟层面的装备制造业与生产性服务业
融合风险因素如图4－8所示。

2. 基于虚拟联盟的产业融合风险因素分析

如前面所述，基于虚拟联盟的装备制造业与生产性服务业融合风险主要
来自虚拟联盟外部环境和虚拟联盟自身两大领域。

（1）虚拟联盟外部环境风险因素分析。装备制造业与生产性服务业虚
拟联盟的外部环境主要包括市场需求风险、市场竞争风险、政策风险、技术
风险、金融风险和不可抗力风险等主要风险因素。

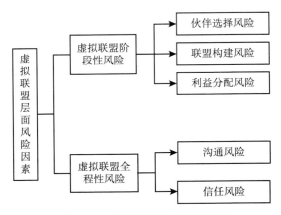

图 4 - 8　虚拟联盟层面风险因素

资料来源：笔者自制。

①市场需求风险分析。市场需求是推动基于虚拟联盟的装备制造业与生产性服务业融合的重要动因之一。市场需求决定了基于虚拟联盟的装备制造业与生产性服务业融合进程，以及虚拟联盟的稳定性与可持续性。市场需求对于装备制造业与生产性服务业虚拟联盟的风险作用主要表现在以下几个方面：一是"装备 + 服务"等融合型市场需求的减少会造成虚拟联盟的市场萎缩、收入降低，从而影响虚拟联盟内各主体的生成经营与可持续发展，进而使得虚拟联盟主体寻求更符合自身利益的发展方式，导致虚拟联盟的发展乏力甚至导致联盟的瓦解；二是市场需求的急剧扩大可能会超出联盟的极限供给能力，使得特定的装备制造业与生产性服务业虚拟联盟无法有效满足市场需求，不仅会带来利益上的损失，而且会影响虚拟联盟声誉，从而给虚拟联盟的发展带来负面影响。

②市场竞争风险分析。市场竞争是推动基于虚拟联盟的装备制造业与生产性服务业融合的另一重要动因。适度的市场竞争有利于基于虚拟联盟的装备制造业与生产性服务业融合进程的推进。相应地，过度竞争与竞争不足则会给基于虚拟联盟的装备制造业与生产性服务业融合带来风险。首先，过度竞争会增大联盟间恶性竞争的可能性，一方面会扰乱正常的市场秩序，造成虚拟联盟成员、虚拟联盟和社会整体的资源错配，损害虚拟联盟及其成员的利益；另一方面，在更长周期内恶性竞争还会损害虚拟联盟用户的利益，进而反噬虚拟联盟利益。其次，特定领域内装备制造业与生产性服务业虚拟联盟竞争不足背后的垄断则会造成市场价格信号失真、虚拟联盟间的非公平竞

争、用户福利损失及虚拟联盟低效率等一系列问题，给装备制造业与生产性服务业虚拟联盟的发展带来风险。

③政策风险分析。装备制造业与生产性服务业作为国民经济体系中的战略性产业，其发展受各级政府的高度关注。相关部门颁布了大量促进或规范装备制造业与生产性服务业发展的政策、法律、法规、办法和条例，以期促进通信装备等产业的发展，规范高耗能金属制品等过剩产能产业的发展。相关政策在宏观上促进装备制造业与生产性服务业虚拟联盟规范发展之前，对不同类型的装备制造业与生产性服务业虚拟联盟会起到不同的作用，其中必然包括抑制和控制发展的"负面作用"。因此，装备制造业与生产性服务业虚拟联盟需重视政策因素的作用，分析政策导向与虚拟联盟战略和业务的匹配性，确保自身发展战略和具体业务与政策导向的同向性，有效防范政策因素可能给虚拟联盟发展带来的风险。

④技术风险分析。装备制造业与生产性服务业均具有技术密集型的特点，因此技术因素对两大产业虚拟联盟的形成和发展具有重要作用。首先，技术进步作为推动基于虚拟联盟的装备制造业与生产性服务业融合的重要动因之一，能够有效打破两大产业的边界，促进两大产业融合发展，因此技术能力的缺失必然会给两大产业的融合发展造成负面影响；其次，技术变革作为一把"双刃剑"，其发展的不确定性会给既有的装备制造业与生产性服务业带来不可预知的技术风险；最后，技术风险还表现为特定装备制造业与生产性服务业虚拟联盟技术落后所带来的竞争力风险。

⑤金融风险分析。基于虚拟联盟的装备制造业与生产性服务业融合过程中，无论是虚拟联盟的构建过程，还是基于虚拟联盟的产业融合过程，都需要投入大量的资金资源以保证相关过程的顺利完成。而出于对于资金资源的大量需求以及联盟资源的有限性等原因，必然会与相应金融机构进行合作，通过金融产品获取所需的资金资源。而金融机构、金融市场和金融产品会带来金融风险，不仅可能会影响装备制造业与生产性服务业虚拟联盟及各成员的融资能力与偿债能力，而且可能会因其系统风险导致整个金融体系的运转失灵，给虚拟联盟造成全方位的负面影响。

⑥不可抗力风险分析。基于虚拟联盟的装备制造业与生产性服务业融合过程中的不可抗力是指产业融合过程中不能预见、不能避免、不能克服的客观因素或力量，包括地震、台风等自然灾害因素和社会动荡等社会异常事件等多维度因素。如新冠肺炎疫情对全球经济体系造成了全方位的影

响，并不可避免地影响了基于虚拟联盟的装备制造业与生产性服务业融合。不可抗力风险因素可对装备制造业与生产性服务业虚拟联盟的发展可产生不受控的剧烈影响，对于不同类型的虚拟联盟可能产生不同向的异质性影响，但从整体来看不可抗力因素的影响均偏负面，导致虚拟联盟风险的产生。

（2）虚拟联盟层面风险因素分析。装备制造业与生产性服务业虚拟联盟的实现与发展是一个包含若干阶段的有机过程，各阶段均存在风险因素，主要表现为伙伴选择风险、联盟构建风险和利益分配风险等阶段性风险，以及融合过程中各虚拟联盟主体间沟通协调和信任因素等方面的风险。

①伙伴选择风险分析。虚拟联盟伙伴的选择是建立虚拟联盟的前提和基础，对虚拟联盟的构建与长期稳定发展具有根本性影响。在实现基于虚拟联盟的装备制造业与生产性服务业融合过程中，伙伴选择失当是造成失败的首要原因。虚拟联盟伙伴选择失当不仅会导致虚拟联盟无法高效提供市场所需要的"装备＋服务"融合型产品，而且对联盟成员间的沟通协调和利益分配会产生长远的负面影响。装备制造业与生产性服务业虚拟联盟的伙伴选择风险具体可体现在以下四个方面：一是产业融合伙伴信息的收集过程中出现了信息的不完备或失真；二是对产业融合伙伴的评价因为评价方法、评价模型、评价指标等方面的原因导致评价结果无法有效反应合作伙伴的真实情况；三是在对产业融合伙伴进行选择的过程中忽视了合作伙伴间的匹配关系；四是在与合作伙伴间的谈判及合同签订过程中，没有对风险因素进行有效管控，使得用于规范虚拟联盟各成员行为的协议、合同、规章和制度等存在风险隐患。

②联盟构建风险分析。基于虚拟联盟的装备制造业与生产性服务业融合过程的风险，即虚拟联盟构建的风险主要集中于虚拟联盟成员战略匹配与虚拟联盟组织模式选择两个方面。在构建虚拟联盟的初始阶段，虚拟联盟成员必然会对他们之间的战略匹配关系进行匹配与协调，以形成虚拟联盟的共同战略。然而随着装备制造业与生产性服务业虚拟联盟的不断发展，以及联盟环境的不断变化，原本相互匹配的联盟成员战略会出现不匹配的问题，从而给虚拟联盟的发展增加风险。在虚拟联盟组织模式的选择过程中，无论是从联盟成员间的股权关系维度确定虚拟联盟的组织模式，还是从联盟管理层的维度确定虚拟联盟的组织模式，都可能会在虚拟联盟组织机构构建、权利与责任分配、组织运作与组织调整优化等方面产生不为虚拟联盟成员广泛接受

的组织因素，影响基于虚拟联盟的装备制造业与生产性服务业融合过程的实现。

③利益分配风险分析。基于虚拟联盟的装备制造业与生产性服务业融合利益分配风险是虚拟联盟利益分配给虚拟联盟的存续与发展所带来的不利影响。通过对装备制造业与生产性服务业虚拟联盟利益分配的多案例分析发现，多数虚拟联盟在战略拟合、满足用户需求、组织模式选择等方面都能以虚拟联盟整体利益为出发点进行战略规划和策略设计，合作属性多于竞争属性；而在涉及虚拟联盟利益分配的环节则会出现较为利己的战略决策和策略选择，给虚拟联盟的存续及发展带来负面影响。基于虚拟联盟的装备制造业与生产性服务业融合利益分配风险主要体现在如下方面：一是处于优势地位的成员利用自己的顶端优势攫取虚拟联盟利益，没有照顾其他虚拟联盟成员的利益诉求；二是虚拟联盟的利益分配没有与各成员在价值创造过程中的贡献相匹配，利益分配不公平；三是对虚拟联盟中的弱势成员没有给予适当的利益分配倾斜，导致其与联盟发展水平脱节，引发虚拟联盟的不稳定；四是联盟利益分配没有与联盟成员的具体利益诉求进行有效匹配，使得利益分配没有起到充分的激励作用；五是虚拟联盟产品力及竞争力差，无法创造用于分配的充足利益。

④沟通协调风险分析。沟通协调贯穿于基于虚拟联盟的装备制造业与生产性服务业融合的全过程，并体现在战略沟通协调、利益沟通协调和业务沟通协调多个维度。基于虚拟联盟的装备制造业与生产性服务业融合的沟通协调风险主要体现在以下几个方面：一是虚拟联盟内各成员对沟通协调的重视程度不够，没有建立起有效的沟通协调机制；二是沟通协调机制流于形式，无法实现高效的沟通协调；三是沟通协调过程中存在信息失真等问题，导致起不到协调效果；四是沟通协调机制僵化，没有根据虚拟联盟内部成员状况的变化以及虚拟联盟外部环境要素的变化进行动态调整。

⑤信任风险分析。基于虚拟联盟的装备制造业与生产性服务业融合的信任风险体现在信任不足和盲目信任两个方面。一方面，联盟内的各成员如果信任不足，原本可以建立在信用体系基础上的合作就需要通过签订契约等方式予以实现。在战略层面及关键领域，基于契约的合作方式无可厚非；但具体到业务层面的细节性合作，如果都需要通过契约方式来实现合作的话，不仅会消耗大量资源，而且会影响虚拟联盟的运行效率，从而给虚拟联盟的发展带来风险。另一方面，如果装备制造业与生产性服务业虚拟联盟内各成员

之间存在盲目信任，则可能给联盟内的投机行为，甚至违法行为提供操作空间，给虚拟联盟的发展带来不必要的风险。

4.4.2 基于虚拟联盟的产业融合风险评价

1. 基于虚拟联盟的产业融合风险评价指标体系的构建

基于虚拟联盟的装备制造业与生产性服务业融合风险包括外部环境和虚拟联盟两个层面的风险因素。

（1）虚拟联盟外部环境风险因素的评价指标。从装备制造业与生产性服务业虚拟联盟的外部环境因素来看，市场风险、政策风险、技术风险、金融风险和不可抗力风险是主要的环境风险因素。其中市场需求风险主要受"装备＋服务"融合型市场总需求、市场需求结构、市场稳定性和市场成长速度的影响，显然市场总需求越大、结构越合理、稳定性越高、成长速度越快，则装备制造业与生产性服务业虚拟联盟的市场风险就越低，反之市场风险就越高。市场竞争风险主要受市场结构、市场竞争烈度、市场竞争方式和主要竞争者反应模式等因素的影响。政策风险主要受装备制造业、生产性服务业及产业融合等相关政策目的、政策稳定性、政策工具和政策实施等因素的影响，如果是促进性产业政策，则政策越稳定、政策工具越丰富有效、政策实施力度越高，就越利于政策风险的控制，反之则不利于政策风险的控制。技术风险主要受技术创新因素的影响，具体表现为装备制造业与生产性服务业相关技术的创新难度、技术发展方向和技术应用水平等因素的影响，对于技术密集型的装备制造业而言，技术创新难度越低、发展方向越明确、应用水平越高，则技术风险就越低，反之则技术风险越高。金融风险则主要表现为装备制造业与生产性服务业虚拟联盟所处金融体系不确定性所带来的风险，主要表现为金融市场风险、金融产品风险、金融机构风险。不可抗力风险因素不属于装备制造业与生产性服务业虚拟联盟的常规性风险因素，不仅发生具有随机性，且缺乏科学合理的评价指标，因此在评价虚拟联盟外部环境风险时不予考虑。

综上所述，得到装备制造业与生产性服务业虚拟联盟外部环境风险因素的评价指标体系如表4-9所示。

表 4 - 9　　　　　　　　　　　虚拟联盟外部环境风险因素

目标层	准则层	指标层
虚拟联盟外部环境风险	虚拟联盟市场需求风险	市场总需求
		市场需求结构
		市场稳定性
		市场成长速度
	虚拟联盟市场竞争风险	市场结构
		市场竞争烈度
		市场竞争方式
		竞争者反应模式
	虚拟联盟政策风险	政策目的一致性
		政策稳定性
		政策工具有效性
		政策实施力度
虚拟联盟外部环境风险	虚拟联盟技术风险	技术创新难度
		技术发展方向
		技术应用水平
		金融市场风险
		金融产品风险
		金融机构风险

资料来源：笔者自制。

（2）虚拟联盟层面风险因素的评价指标。从装备制造业与生产性服务业虚拟联盟层面来看，伙伴选择风险、联盟构建风险、利益分配风险、沟通协调风险和信任风险是虚拟联盟层面的主要风险因素。从装备制造业与生产性服务业虚拟联盟发展实践来看，上述风险因素属于虚拟联盟内部可控因素的范畴，因此上述风险因素转化为具体风险的概率及其后果的严重性主要取决于虚拟联盟的风险管控能力。基于此，对装备制造业与生产性服务业虚拟联盟层面的风险进行评价时应着重考虑虚拟联盟风险管控能力与资源指标。一般而言，虚拟联盟的风险管控能力越强且用于风险控制的资源越多时，形成的风险及危害就越小，反之就越大。

基于上述联盟层面风险因素评价思路，借鉴相关研究成果，选择虚拟联盟资源水平、虚拟联盟治理能力、虚拟联盟市场能力、虚拟联盟成员能力、虚拟联盟成员关系对虚拟联盟层面风险因素进行评价。其中装备制造业与生产性服务业虚拟联盟的资源水平可通过人力资源、资金资源、物质资源和技术资源予以衡量，具体评价过程中可分别选择虚拟联盟的从业人员数量、资金储备总额、资产总值和专利申请数予以评价。装备制造业与生产性服务业虚拟联盟的联盟治理能力通过虚拟联盟组织模式、虚拟联盟沟通协调机制、虚拟联盟利益分配机制三方面因素进行评价。装备制造业与生产性服务业虚拟联盟的市场能力通过联盟"装备+服务"产品的市场占有率、市场增长率、市场营销能力和产品创新能力等因素进行综合评价。装备制造业与生产性服务业虚拟联盟的成员能力是形成虚拟联盟风险管控能力的基础，可通过联盟成员各自的资源水平、管理能力、产品竞争力、合作意愿与能力等因素进行综合评价。装备制造业与生产性服务业虚拟联盟的成员关系可通过虚拟联盟成员间的战略协同水平、管理协同水平、业务协同水平以及协同业务总量等因素进行综合评价。

综上所述，装备制造业与生产性服务业虚拟联盟层面风险因素评价指标体系如表4-10所示。

表4-10　　　　　　　　　　虚拟联盟层面风险因素评价指标体系

目标层	准则层	指标层
虚拟联盟层面风险因素	虚拟联盟资源风险	人力资源
		资金资源
		物质资源
		技术资源
	虚拟联盟治理能力风险	虚拟联盟组织模式
		虚拟联盟沟通协调机制
		虚拟联盟利益分配机制
	虚拟联盟市场能力风险	市场占有率
		市场增长率
		市场营销能力
		产品创新能力

续表

目标层	准则层	指标层
虚拟联盟层面 风险因素	虚拟联盟成员能力风险	成员资源水平
		成员管理能力
		成员产品竞争力
		成员合作意愿与能力
	虚拟联盟成员关系风险	战略协同水平
		管理协同水平
		业务协同水平
		协同业务总量

资料来源：笔者自制。

2. 基于虚拟联盟的产业融合风险评价方法的选择

从基于虚拟联盟的装备制造业与生产性服务业融合风险的构成要素来看，包括虚拟联盟内部因素和外部因素、虚拟联盟平台因素与联盟成员因素等多维因素，不同来源风险因素的评价呈现出较大差异性，部分风险因素可通过既有的定量经济指标进行评价，而部分风险因素则需要借助专家意见进行定性评价。因此，综合运用德尔菲法、层次分析法和模糊综合评价法对基于虚拟联盟的装备制造业与生产性服务业融合风险进行评价。

（1）德尔菲法。德尔菲法是一种应用非常广泛的专家意见法，因其可避免传统专家讨论法中的盲从问题，能更为客观地获取专家意见，具有较高的信度与效度。德尔菲法在本研究中主要用于部分风险因素评价指标的确定及其定量评价。德尔菲法的具体实施步骤如下：一是基于装备制造业与生产性服务业融合的特征与规律，拟定产业融合风险评价调查的目标，并制定详细的调查提纲；二是从装备制造业、生产性服务业、产业融合、产业虚拟联盟、风险管理、风险评价等领域遴选专家组成员，专家数量控制在 30 人左右为宜；三是通过 Email、微信、QQ、问卷平台等多种途径向专家提供基础资料并进行调研，征求专家对装备制造业与生产性服务业融合过程中各类风险因素评价的意见；四是对装备制造业与生产性服务业融合过程中各类风险因素评价的意见进行分析总结，形成相应结果后反馈给各位专家，并再次征询专家意见；反复进行上述过程，直到形成统一的专家意见。

（2）层次分析法。层次分析法主要用于基于虚拟联盟的装备制造业与生产性服务业融合风险因素评价指标权重的测度。层次分析法基于领域内的专家意见，将风险因素权重的确定分解为多个层次、多个因素的评价问题，不仅简化了风险因素权重的测度过程，而且增加了指标权重评价结果的准确性。采用层次分析法测度基于虚拟联盟的装备制造业与生产性服务业融合风险因素评价指标权重的步骤如下：一是构建基于虚拟联盟的装备制造业与生产性服务业融合风险因素评价指标层次结构模型；二是构建判断矩阵，进而求出判断矩阵的特征根和特征向量；三是为了保证判断结果的一致性，防止产生专家意见自相矛盾的现象，对判断矩阵进行一致性检验。

（3）模糊综合评价法。模糊综合评价法主要应用模糊数学对基于虚拟联盟的装备制造业与生产性服务业融合风险进行综合评价。相关步骤如下。

①建立模糊集。设主因素集，即基于虚拟联盟的装备制造业与生产性服务业融合风险一级指标为：

$$A = (A_1, A_2, \cdots, A_n) \qquad (4-35)$$

其对应权重为：

$$\omega = (\omega_1, \omega_2, \cdots, \omega_n) \qquad (4-36)$$

设子因素集，即基于虚拟联盟的装备制造业与生产性服务业融合风险二级指标为：

$$A_i = (A_{i1}, A_{i2}, \cdots, A_{im}) \quad i = 1, 2, \cdots, n \qquad (4-37)$$

其对应权重为：

$$\omega_i = (\omega_{i1}, \omega_{i2}, \cdots, \omega_{im}) \quad i = 1, 2, \cdots, n \qquad (4-38)$$

ω_{ik} 表示 A_{ik} 在 A_i 中的权重。

设评语集为：

$$V = (V_1, V_2, \cdots, V_1) \qquad (4-39)$$

V 用以赋予基于虚拟联盟的装备制造业与生产性服务业融合风险因素的量值，表示各风险因素与风险评价目标间的定量关联关系。

②确定模糊判断矩阵。基于采用德尔菲法时所积累的专家资源，采用评语集中的评价等级对各风险因素间的相对重要程度进行评价，得到判断矩阵 $R_i = (r_{ij})_{n \times 5}$，其中 r_{ij} 为风险因素 X_i 对 V_j 的隶属度。此时，(X, V, R) 构成一个模糊综合评价模型。

③模糊矩阵计算。在对模糊矩阵进行计算的过程中，需要先对 X_i 的判

断矩阵进行运算以得到 X_i 对 V_j 的隶属度 Y_i，若有必要则需对 Y_i 进行归一化处理。最终得到模糊评判集 Y 即为基于虚拟联盟的装备制造业与生产性服务业融合风险的最终评价结果。

需要指出的是，采用模糊综合评价法对基于虚拟联盟的装备制造业与生产性服务业融合风险进行综合评价时，可采用多级指标体系进行评价，虽然上述方法仅涉及两层评价，多层评价亦可照此进行。

3. 基于虚拟联盟的产业融合风险评价实证研究

综合运用德尔菲法、层次分析法和模糊综合评价法对基于虚拟联盟的装备制造业与生产性服务业融合风险进行实证研究。

（1）研究对象的选择与指标确定。首先，基于德尔菲法对初步选定的 23 个装备制造企业与生产性服务企业虚拟联盟进行筛选，在向专家提供实证目的、筛选原则、虚拟联盟基本信息的基础上，通过三个轮次的专家意见综合共得到 18 个符合实证要求的装备制造企业与生产性服务企业虚拟联盟。其次，以这 18 个虚拟联盟为基础，继续采用德尔菲法对前文提出的风险因素进行筛选。从筛选结果来看，专家在对装备制造业与生产性服务业虚拟联盟风险因素进行筛选时，主要是去除了部分虚拟联盟层面难以控制且对所有虚拟联盟均具有一致性影响的风险因素。最终得到用于实证研究的多层次评价指标体系如表 4 – 11 所示。

表 4 – 11　　基于虚拟联盟的产业融合风险多层次评价指标体系

目标层	一级指标（权重）	二级指标（权重）	三级指标（权重）
基于虚拟联盟的产业融合风险	虚拟联盟外部环境风险（0.326）	市场需求风险（0.226）	市场总需求（0.428）
			市场需求结构（0.104）
			市场稳定性（0.213）
			市场成长速度（0.255）
		市场竞争风险（0.184）	市场结构（0.182）
			市场竞争烈度（0.367）
			市场竞争方式（0.254）
			竞争者反应模式（0.197）

续表

目标层	一级指标（权重）	二级指标（权重）	三级指标（权重）
基于虚拟联盟的产业融合风险	虚拟联盟外部环境风险（0.326）	政策风险（0.235）	政策目的一致性（0.141）
			政策稳定性（0.328）
			政策工具有效性（0.295）
			政策实施力度（0.236）
		技术风险（0.209）	技术创新难度（0.628）
			技术发展方向（0.147）
			技术应用水平（0.225）
		金融风险（0.146）	金融市场风险（0.582）
			金融产品风险（0.164）
			金融机构风险（0.254）
	虚拟联盟层面风险因素（0.674）	虚拟联盟资源风险（0.165）	人力资源（0.329）
			资金资源（0.307）
			物质资源（0.108）
			技术资源（0.256）
		虚拟联盟治理能力风险（0.237）	虚拟联盟组织模式（0.248）
			虚拟联盟沟通协调机制（0.386）
			虚拟联盟利益分配机制（0.366）
		虚拟联盟市场能力风险（0.198）	市场占有率（0.224）
			市场增长率（0.198）
基于虚拟联盟的产业融合风险	虚拟联盟层面风险因素（0.674）	虚拟联盟市场能力风险（0.198）	市场营销能力（0.246）
			产品创新能力（0.332）
		虚拟联盟成员能力风险（0.184）	成员资源水平（0.238）
			成员管理能力（0.262）
			成员产品竞争力（0.219）
			成员合作意愿与能力（0.281）
		虚拟联盟成员关系风险（0.216）	战略协同水平（0.322）
			管理协同水平（0.247）
			业务协同水平（0.226）
			协同业务总量（0.205）

资料来源：笔者自制。

　　（2）产业融合风险评价指标权重的测度。基于专家意见对基于虚拟联盟的装备制造业与生产性服务业融合风险指标的权重进行测度。基于专家意见测度指标权重一般有两种思路，一是通过对专家人数的统计来测度指标权重；二是基于典型评价标度表进行指标相对权重的测度，如指标 i 相对于指标 j 分别为极度重要、非常重要，比较重要，略微重要，同等重要，则其对应的相对权重量值分别记为 {9，7，5，3，1}，并可取 2、4、6、8 作为中间值，在此基础上对同一判断对象的多个专家意见进行平均，进而得到复合多个专家意见的指标相对权重。为了更好地综合多专家意见，本书采用第二种思路来测度各风险评价指标的权重。共构建 10 个三级指标权重判断矩阵，2 个二级指标权重判断矩阵，1 个一级指标权重判断矩阵，进而求得各指标权重。与此同时，基于 Kappa 系数检验方法对各判断矩阵的一致性进行检验，并对未能通过一致性检验的判断矩阵进行二次专家意见调研，重新测度指标权重，并进行二次一致性检验，直至判断矩阵通过一致性检验为止。最终得到基于虚拟联盟的装备制造业与生产性服务业融合风险评价指标的权重，如表 4 - 11 中"权重"部分所示。

　　通过对基于虚拟联盟的装备制造业与生产性服务业融合风险指标权重专家意见的分析可以得出如下结论：一是相比于虚拟联盟外部环境风险因素，专家认为虚拟联盟层面风险因素对于联盟发展的威胁更大，外部风险虽不容忽视，但内部风险则更为致命；二是专家认为虚拟联盟外部环境风险中的主要风险因素为市场需求风险、政策风险和技术风险，而虚拟联盟层面风险因素中的主要风险因素为虚拟联盟治理能力风险和虚拟联盟成员关系风险；三是专家认为市场需求风险中的最大风险因素为市场总需求风险，市场竞争风险中的最大风险因素为市场竞争烈度风险，政策风险中的最大风险因素为政策稳定性风险，技术风险中的最大风险因素为技术创新难度风险，金融风险中的最大风险因素为金融市场风险，虚拟联盟资源风险中的最大风险因素为人力资源风险，虚拟联盟治理能力风险中的最大风险因素为虚拟联盟沟通协调机制风险，虚拟联盟市场能力风险中的最大风险因素为产品创新风险，虚拟联盟成员能力风险中的最大风险因素为成员管理能力风险，虚拟联盟成员关系风险中的最大风险因素为战略协同风险。

　　（3）产业融合风险的评价。以前面选择的 18 个符合实证要求的虚拟联盟为例进行产业融合风险评价的实证研究。为了对基于虚拟联盟的装备制造业与生产性服务业融合风险进行多维度评价，综合考虑风险发生特征、影响以及风险的控制与应对，从风险发生概率及风险发生后果的严重程度两个维度对产业融合的风险进行评价。在充分考虑各虚拟联盟资源状况、产品与服务、发展环境和发展现状的基础上组织相关专家通过德尔菲法对各虚拟联盟的风险要素进行评价，并设各风险因素评语集 ｛高风险（概率/后果）、较高风险（概率/后果）、中等风险（概率/后果）、较低风险（概率/后果）、低风险（概率/后果）｝对应的值分别为 ｛9、7、5、3、1｝，并设2、4、6、8 为相邻风险因素风险状况的中间状态。在此基础上对同一判断对象的多个专家意见进行平均，得到符合多个专家意见的风险因素风险值。

基于上面方法与专家意见，分别得到 18 组基于虚拟联盟的装备制造业与生产性服务业融合风险发生概率与发生后果评价结果，如表 4-12 所示。

表 4-12　　　　　　　　融合风险发生概率与发生后果评价结果

序号	风险概率	风险后果	序号	风险概率	风险后果
1	5.516	7.271	10	4.482	6.271
2	4.281	6.481	11	6.542	6.877
3	5.294	7.489	12	4.628	4.118
4	6.028	7.517	13	6.654	5.847
5	4.154	5.217	14	3.267	5.274
6	5.384	6.251	15	6.354	6.743
7	5.621	7.186	16	4.865	5.631
8	6.668	7.584	17	6.363	5.784
9	3.152	7.596	18	5.515	4.812

资料来源：笔者自制。

通过对基于虚拟联盟的装备制造业与生产性服务业融合风险评价结果的可分析可以得到如下结论。

一是基于虚拟联盟的装备制造业与生产性服务业融合风险的发生概率均值为5.26，风险发生概率的可能性为中等；而融合风险发生后果严重程度的均值为6.33，其发生后果较为严重。基于虚拟联盟的装备制造业与生产性服务业融合风险的发生风险高于发生概率，一方面说明两大产业的融合虽存在风险，但风险相对不高；另一方面说明两大产业融合风险一旦发生则后果较为严重。

二是基于虚拟联盟的装备制造业与生产性服务业融合风险发生后果与发

生概率均具有一定离散性，说明不同的装备制造业与生产性服务业虚拟联盟的风险发生机制具有异质性，需采取不同的策略应对。

4.4.3　基于虚拟联盟的产业融合风险管理

1. 基于虚拟联盟的产业融合风险管理思路

对基于虚拟联盟的装备制造业与生产性服务业融合风险进行管理的主要依据为风险发生概率及其后果的严重程度。通过对基于虚拟联盟的装备制造业与生产性服务业融合风险的实证研究结果的分析可以看出，不同产业联盟所对应的融合风险在其风险发生概率及风险后果严重性方面均存在较大离散性。因此，对基于虚拟联盟的产业融合风险进行针对性分类管理的前提是对风险发生概率及风险后果严重程度进行分类，并在此基础上构建产业融合风险管理矩阵。对基于虚拟联盟的装备制造业与生产性服务业融合风险的发生概率及其后果进行分类的方法有很多种，既可以基于专家意见进行主观分类，也可以基于数据间的数理关联性进行相对客观的分类。为了增强对产业融合风险发生概率及其后果分类的客观性，本书选择聚类分析方法，基于装备制造业与生产性服务业虚拟联盟风险发生概率及其后果的数理关系对其进行分类。

2. 基于聚类分析的产业融合风险分类

本书选择聚类分析方法对基于装备制造业与生产性服务业虚拟联盟风险发生概率及其后果进行分类，从原始数据中提取规则，排除分类过程中的主观因素。聚类分析算法包括 Clarans、K-medoids 和 K-means 等多种算法，且各有其使用范围与不足。综合考虑聚类目标与聚类对象特征，选择基于 K-means 算法改进的 K-means 模型用以对装备制造业与生产性服务业虚拟联盟风险进行聚类分析。改进 K-means 算法的过程如下：

K-means 算法下簇的质心可由式（4-40）求得。

$$Z_j = \frac{1}{N_j} \sum_{x \in W_j} X \tag{4-40}$$

其中 N_j 表示属于 W_j 类的数据点的个数，属于某个簇的所有点的算术平均值即为该簇的质心。

对象到质心的距离一般采用欧氏距离，两个数据点 x_i、x_j 之间的欧氏距离如式（4-41）所示。

$$d(x_i, x_j) = \sqrt{(x_i - x_j)^T (x_i - x_j)} \qquad (4-41)$$

基于平方误差准则可得函数 E 如式（4-42）所示。

$$E = \sum_{i=1}^{k} \sum_{j=1}^{n_j} |p - m_{ij}|^2 \qquad (4-42)$$

上式中 E 为所有对象与相应簇的质心的距离之和，P 代表对象空间中的一个点，m_i 为簇的算术平均值。

为减少初始聚类中心随机性对聚类结果稳定性的负面影响，本书有针对性地设计了确定初始聚类中心方法，以提高聚类结果的稳定性和准确率。在初始聚类中心选择的过程中有可能会取到噪音点，为避免这种情况的发生，选择相互距离最远的 k 个处于高密度区域的点作为初始聚类中心。为此，定义以 x_i 为中心，包含常数 Minpts 个数据对象的半径称之为对象 x_i 的密度参数，用 ε 表示。ε 越大，说明数据对象所处区域的数据密度越低，反之越高。通过密度参数的测度可得到一个高密度点集合 D。

在这个高密度点集中，采用最大最小距离算法的思想，在 D 中取处于最高密度区域的数据对象作为第一个聚类中心 Z_1；取距离 Z_1 最远的一个高密度点作为第二个聚类中心 Z_2；计算 D 中各数据对象 x_i 到 Z_1，Z_2 的距离 $d(x_i, Z_1)$，$d(x_i, Z_2)$，Z_3 是满足 $\max(\min(d(x_i, Z_1), d(x_i, Z_2)))$，i = 1，2，…，n 的数据对象 x_i，Z_m 为满足 $\max(\min(d(x_i, Z_1), d(x_i, Z_2), …, d(x_i, Z_{m-1})))$，i = 1，2，…，n 的数据对象 x_i，$x_i \in D$。因此得到 k 个初始聚类中心。

优化初始聚类中心的 k-means 算法描述如下：

算法输入：聚类个数 k 以及包含 n 个数据对象的数据集。

算法输出：满足目标函数值最小的 k 个聚类。

算法步骤如下。第一步：计算任意两个数据对象间的距离 $d(x_i, x_j)$；第二步：计算每个数据对象的密度参数，把处于低密度区域的点删除，得到处于高密度区域的数据对象的集合 D；第三步：把处于最高密度区域的数据对象作为第一个中心 Z_1；第四步：把 Z_1 距离最远的数据对象作为第二个初始中心 Z_2，$Z_2 \in D$；第五步：令 Z_3 为满足 $\max(\min(d(x_i, x_j), d(x_i, Z_2)))$（i = 1，2，…，n）的数据对象 x_i，$Z_3 \in D$；第六步：令 Z_4 为满足 $\max(\min(d(x_i, Z_1), d(x_i, Z_2), d(x_i, Z_3)))$（i = 1，2，…，n）的数据

对象 x_i，$Z_4 \in D$；第七步：令 Z_k 为满足 $\max(\min(d(x_i, Z_j)))$（$i = 1$，2，$\cdots$，n；$j = 1$，$2 \cdots k - 1$）的 x_i，$Z_k \in D$；第八步：从这 k 个聚类中心出发，应用 K-means 聚类算法，得到聚类结果。在此基础上，通过设置聚类参数 numClusters 的值即可对基于虚拟联盟的装备制造业与生产性服务业融合风险进行分类。

3. 产业融合风险分类管理矩阵的构建

为了实现对基于虚拟联盟的装备制造业与生产性服务业融合风险的分类管理，考虑到风险分类管理的可操作性和针对性，取 numClusters = 2，通过聚类分析对两大产业融合风险发生概率和发生后果严重程度进行二维分类的基础上，构建产业融合风险分类管理矩阵如图 4 - 9 所示。

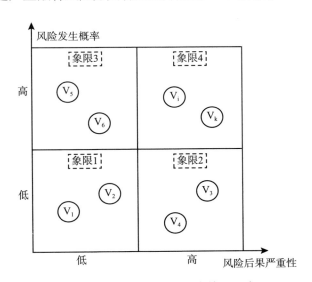

图 4 - 9　产业融合风险分类管理矩阵

资料来源：笔者自制。

对于风险评价结果处于第 1 象限的虚拟联盟而言，其风险发生概率较低，且风险发生后果的严重性也较低。对于风险评价结果处于第 2 象限中的虚拟联盟而言，其风险发生概率较低，但风险发生后果的严重性较高。对于风险评价结果处于第 3 象限中的虚拟联盟而言，其风险发生概率较高，但风险发生后果的严重性较低。对于风险评价结果处于第 4 象限中的虚拟联盟而言，其风险发生概率高，且风险发生后果的严重性较高。

4. 基于产业融合风险分类管理矩阵的风险管理策略与应对方法

处于产业融合风险分类管理矩阵不同象限的装备制造业与生产性服务业虚拟联盟在风险发生概率及后果严重程度等方面均存在较大差异，因此需分类制定管理策略与管理方法。

（1）基于产业融合风险分类管理矩阵的风险管理策略。在产业融合风险分类管理矩阵的基础上，根据基于虚拟联盟的装备制造业与生产性服务业融合风险发生概率及风险后果严重程度确定风险管理策略。

对于风险评价结果处于第 1 象限中的虚拟联盟而言，其风险发生概率较低，且风险发生后果的严重性也较低。一方面对于此类虚拟联盟，由于其风险发生概率较低，且即使发生也不会产生严重的后果，所以针对它的管理策略是在资源允许范围内适度降低对其各风险要素的监控强度，另一方面则是不需要耗费大量人力、财力、物力构建有针对性的风险应对体系，只需沿用既有风险应对体系即可。

对于风险评价结果处于第 2 象限中的虚拟联盟而言，其风险发生概率较低，但风险发生后果的严重性较高。对于此类虚拟联盟，由于其风险发生概率较低，因此花费资源对风险因素进行全方位实时监控仍是一种低效行为，所以在此情形下的风险要素管控强度仍不需太高；但是由于风险发生后果较为严重，因此需要投入大量人力、财力、物力来完善既有风险应对体系。

对于风险评价结果处于第 3 象限中的虚拟联盟而言，其风险发生概率较高，但风险发生后果的严重性较低。对于此类虚拟联盟，由于其风险发生概率较高，因此应花费资源对风险因素进行全方位实时监控从而为风险应对提供时间与空间；但由于风险发生不会导致严重后果，因此无须耗费大量人力、财力、物力构建有针对性的风险应对体系，只需沿用既有风险应对体系即可。

对于风险评价结果处于第 4 象限中的虚拟联盟而言，其风险发生概率高，且风险发生后果的严重性较高。对于此类虚拟联盟，一方面由于其风险发生概率较高，因此应花费资源对风险因素进行全方位实时监控从而为风险应对提供时间与空间；另一方面，由于风险发生后果较为严重，因此需要投入大量人力、财力、物力来完善既有风险应对体系，从而实现对于风险的实时监控与高效应对。

（2）基于产业融合风险分类管理矩阵的风险应对方法。典型的基于虚拟联盟的装备制造业与生产性服务业融合风险分类应对方法包括风险回避、风险转移、风险分担和风险承受等。

①风险回避。风险回避方法是当融合风险发生概率较高、风险发生后果较为严重且没有其他有效方法来降低风险时所采用的一种风险应对方法。采用风险回避方法时可采取主动放弃或拒绝原有计划或改变目标等方法，使风险不再发生或不再发展，从而避免风险因素可能导致的潜在损失。风险回避方法具有简单易行和全面彻底的优点。在基于虚拟联盟的装备制造业与生产性服务业融合主体对风险极端厌恶、具有可行的备选方案、产业融合主体无法消除或承担风险时可采用风险回避方法应对两大产业的融合风险，即落入第 4 象限的虚拟联盟适宜通过以风险回避为主的方法进行风险管理。

②风险转移。风险转移方法是装备制造业与生产性服务业虚拟联盟将产业融合风险通过合同或非合同的方式转移给另一虚拟联盟或联盟外其他主体的风险处理方法。为了保证风险转移方法的应用，在风险转移时不可能只转移风险而不转移收益，恰当的做法是在保证风险与收益对等的前提下，基于市场规则，通过市场方式进行产业融合风险的转移。在风险发生概率较低且风险发生后果较为严重的情形下，可采用风险转移方法来应对两大产业的融合风险，即落入第 2 象限的虚拟联盟适宜以风险转移为主的方法进行风险管理。

③风险分担。风险分担是装备制造业与生产性服务业虚拟联盟将各种风险要求以某种形式在虚拟联盟主体之间进行分配，既分担风险又共享收益的一种风险应对方法。风险分担不仅可以有效降低产业融合风险所造成的损失及风险管理的成本，而且可以强化虚拟联盟内各主体的战略与利益统一，增强虚拟联盟的稳定性。在风险分担的过程中，应注意公平原则、风险上限原则、归责原则和风险偏好原则的有机统一，通过合同结构和合同条款定义具体的风险分担形式。在风险发生概率较高，但风险发生不会导致严重后果的情形下，可采用风险分担方法应对两大产业的融合风险，即落入第 3 象限的虚拟联盟适宜通过以风险分担为主的方法进行风险管理。

④风险承受。风险承受是装备制造业与生产性服务业虚拟联盟在无力回避或转移风险的前提下，做好风险承担的充分准备，并在风险发生后采取必要措施降低风险后果的一种风险应对方法。在通过风险承担应对基于虚拟联盟的装备制造业与生产性服务业融合风险时一方面要对通过各类风险信息的收集、整理与挖掘为风险承担提供决策支持，尽可能降低风险后果；另一方

面则要建立健全风险后果善后机制，消除各类风险造成的不良影响。在风险发生概率较低且不会导致严重后果的情形下，可采用风险承担方法应对两大产业的融合风险，即落入第 1 象限的虚拟联盟适宜通过以风险承担为主的方法进行风险管理。

需要指出的是，虽然不同的风险应对方法具有其适用性，但并不是说在某一种具体风险情境下只采用一种应对方法。最适宜的方法应是根据风险发生概率及其发生后果的严重程度，结合各种风险应对方法的适用性特征，构建适宜的方法组合，对风险进行综合管理。

4.5　本 章 小 结

从融合伙伴选择、融合过程组织协调、融合利益分配和融合风险管理四个方面对基于虚拟联盟的装备制造业与生产性服务业融合实现机制进行研究。在基于虚拟联盟的装备制造业与生产性服务业融合伙伴选择方面，设计了融合伙伴选择原则与流程，构建了融合伙伴评价体系，建立了基于网络分析法和三角模糊数型方法的融合伙伴选择方法，提出了融合伙伴绩效评价与动态控制体系；在基于虚拟联盟的装备制造业与生产性服务业融合过程组织协调方面，从虚拟联盟战略协同、组织模式选择和沟通协调三个方面设计了产业融合过程的组织协调体系；在基于虚拟联盟的装备制造业与生产性服务业融合利益分配方面，在对利益分配方法进行选择的基础上，分别基于夏普利值法和纳什谈判定理提出了虚拟联盟的利益分配策略；在基于虚拟联盟的装备制造业与生产性服务业融合风险管理方面，首先对产业融合风险因素进行识别与分析，其次提出产业融合风险的评价体系和分类方法，最后设计了产业融合风险的分类管理策略。

第5章 基于虚拟联盟的装备制造业与生产性服务业融合评价与反馈机制

在第2章扎根理论对基于虚拟联盟的产业融合影响因素的分析中，结合基于虚拟联盟的产业融合过程，可知融合绩效评价可以有效反馈前面两章所设计的动力机制与实现机制对基于虚拟联盟的装备制造业与生产性服务业融合所产生的影响，同时也可以为下一章进行机制保障设计提供一定的理论基础。因此，本章将构建基于虚拟联盟的产业融合绩效评价模型，对基于虚拟联盟的产业融合绩效进行有效评价，并据此建立相应的反馈机制。

基于虚拟联盟的装备制造业与生产性服务业融合评价与反馈机制是指对基于虚拟联盟的装备制造业与生产性服务业融合的运行过程进行实时监控，保证基于虚拟联盟的装备制造业与生产性服务业融合长期处于有序状态。本书将从两个方面来理解基于虚拟联盟的装备制造业与生产性服务业融合评价与反馈机制，一方面是指当虚拟联盟内装备制造业与生产性服务业融合没有发生波动时，则需融合运行机制共同作用来保持此状态，另一方面是指当虚拟联盟内装备制造业与生产性服务业融合受虚拟联盟外部环境与虚拟联盟内部各主体行为的扰动刺激发生失衡时，需要通过反馈调节的作用来恢复虚拟联盟系统的平衡。因此，基于虚拟联盟的装备制造业与生产性服务业融合评价与反馈机制由融合评价机制与反馈机制两部分构成。其中评价机制的主要目的是通过分析虚拟联盟融合系统效益以及效率的现有状态，来判断基于虚拟联盟的装备制造业与生产性服务业融合绩效水平；反馈机制主要是指根据评价的结果，有针对性地进行反馈调节，以促进基于虚拟联盟的装备制造业与生产性服务业融合深化。基于虚拟联盟的装备制造业与生产性服务业融合评价机制与反馈机制两者共同保障了基于虚拟联盟的装备制造业与生产性服务业融合机制的运行。

5.1 基于虚拟联盟的产业融合绩效评价机制分析

5.1.1 基于虚拟联盟的融合绩效评价机制内涵

美国学者贝茨和霍尔顿曾指出，"绩效是一个多维建构，观察和测量的角度不同，其结果也会不同"。《现代汉语词典》（第五版）把绩效一词解释成"成绩、成效"。《牛津现代高级英汉双解词典》对绩效（performance）的解释是"执行，履行，表现和成绩"。管理学视角的绩效被认为是组织为实现目标而展现在不同层面上的有效输出。经济学视角的绩效则被看作是员工与组织之间的对等承诺关系，员工承诺为组织完成绩效，而组织则给付相应的报酬作为对员工的承诺。而社会学视角的绩效则是指每个社会成员按照社会分工的不同所应承担的责任。由于人们对于绩效概念的认识存在差异，从不同学科角度进行绩效评价，其结果也会存在一定差异。综合以上观点，本书认为绩效首先是一种结果，其次应当关注过程，最后体现为个体与整体之间的关系。因此，基于虚拟联盟的装备制造业与生产性服务业融合绩效评价是指虚拟联盟融合两大主体各自融合目标的实现程度，以及装备制造业与生产性服务业在融合过程中对各自行为的不同影响程度，最终对装备制造业与生产性服务业所形成的虚拟联盟整体产出绩效的分析与评价。虚拟联盟融合绩效评价机制的内涵可以进一步细分为如下两大方面。

（1）从评价对象上，可以理解为既包括对虚拟联盟中的两大主体各自绩效的评价，也包括虚拟联盟整体融合效果的评价。

（2）从评价内容上，可以理解为对"绩"和"效"的评价，其中"绩"即结果、产出，是对基于虚拟联盟的装备制造业与生产性服务业融合结果的一个的评价，这个结果的评价主要是指基于虚拟联盟的产业融合水平的高低。"效"则指效率，表现为基于虚拟联盟的装备制造业与生产性服务业融合是否提升了虚拟联盟内装备制造业与生产性服务业各自的产出。这个产出往往包含两个方面：数量和质量，即基于虚拟联盟的装备制造业与生产性服务业融合后产出的产品或服务的数量是否较以前更多，产出的产品或服务的质量是否较以前有所提升。

5.1.2　基于虚拟联盟的融合绩效评价指标体系设计原则

基于虚拟联盟的装备制造业与生产性服务业融合绩效的评价是量化衡量基于虚拟联盟的装备制造业与生产性服务业融合实际状况的重要管理工具，为了确保评价过程与结果能够科学、有效、准确地反应基于虚拟联盟的装备制造业与生产性服务业融合的现状与问题，实现评价的科学化和规范化，在设计评价指标体系时，主要基于以下五个原则。

1. 科学性原则

科学性原则是基于虚拟联盟的装备制造业与生产性服务业融合评价指标体系设立的基本原则，应客观地描述该虚拟联盟内两大产业融合活动规律，揭示各子机制之间的关系及各子机制对装备制造业与生产性服务业融合效应的影响。评价指标体系的设计应体现基于虚拟联盟的装备制造业与生产性服务业融合过程中的具体交流形式，评价指标的选取应确保指标间的相对独立性，体现每一指标反映问题的针对性，使得评价结果具有可比性和可推广性，以期能够科学地反映问题，有效地指导实践。

2. 系统性原则

在特定虚拟联盟中进行的装备制造业与生产性服务业融合是一项复杂的系统性活动，各融合主体的组织边界在虚拟联盟中是开放的，在相互影响的同时和谐共存，广泛合作。在各主体的融合过程中，各系统要素处在不断变化的随机涨落中，远离系统平衡态，使得产业融合的发展与演进成为可能。因此全面、系统地选取各类评价指标，尤其是基于虚拟联盟的装备制造业与生产性服务业融合过程演进特点的指标是其评价指标体系构建的重要原则。

3. 相关性原则

相关性原则主要体现在以下三个方面。一是针对虚拟联盟内融合主体本身，选取能够准确客观反映虚拟联盟内融合主体的基础性指标，保证产业融合的开展具有有效的能动性载体。二是针对基于虚拟联盟的融合过程，如融合动力、融合条件、融合影响因素等具体展开，反映基于虚拟联盟的产业融合系统内各主体的密切程度，衡量虚拟联盟内各融合主体的参与情况。三是针对基于虚拟联盟的产业融合效果，对具有代表性的虚拟联盟内产业融合成果进行衡量，重视基于虚拟联盟的产业融合效率。

4. 可比性原则

可比性原则主要是指不同虚拟联盟内产业融合绩效的横向可比性。对我国不同虚拟联盟内装备制造业与生产性服务业融合水平和融合绩效分别进行评价，反映我国不同虚拟联盟中装备制造业与生产性服务业融合的共性与特性，重视我国虚拟联盟中装备制造业与生产性服务业融合绩效评价结果不佳的原因。

5. 可操作性原则

可操作性原则要求在构建基于虚拟联盟的装备制造业与生产性服务业融合绩效评价指标时，不仅考虑数据的可得性与真实性，还应当考虑评价指标的准确性与标准性，力求融合绩效评价指标选择的精练、简明易懂、便于分析。同时，评价指标要全面反映基于虚拟联盟的装备制造业与生产性服务业融合的深层次内涵，揭示基于虚拟联盟的装备制造业与生产性服务业融合的发展进程与演进状态。

5.1.3 基于虚拟联盟的融合绩效评价流程

基于虚拟联盟的装备制造业与生产性服务业融合绩效评价流程是一个持续改进的闭环过程，大体可以分为绩效评价的准备阶段、绩效评价的实施阶段以及绩效评价的结果分析阶段。

（1）绩效评价的准备阶段。制定详细可行的绩效评价方案是绩效评价后续环节顺利进行的前提和基础。这一阶段主要是根据虚拟联盟的融合目标制定具体的绩效评价方案，包括确定绩效评价的目的、绩效评价的对象、绩效评价的内容、绩效评价的周期等。

（2）绩效评价的实施阶段。这一阶段主要是基于虚拟联盟融合绩效评价目的的不同，建立相应的绩效评价指标体系，选择科学的绩效评价方法，确定合理的绩效评价标准并对相关绩效评价指标进行甄选和优化，最后收集评价相关的基础数据和信息并进行评价实施。

（3）绩效评价的结果分析阶段。对融合绩效进行评价之后，对绩效评价结果进行检查，在确保绩效评价结果准确无误的前提下对绩效评价结果及时反馈，提出绩效评价过程中尚未解决的问题，然后对基于虚拟联盟的装备制造业与生产性服务业融合绩效评价机制进行改进，进一步提出完善措施，以提升虚拟联盟整体的绩效水平。

5.2　基于虚拟联盟的产业融合水平评价

5.2.1　基于虚拟联盟的融合水平评价指标体系构成

基于虚拟联盟的产业融合水平评价指标体系是对基于虚拟联盟的产业融合机制设计有效性的初步检测，也是下一步设计基于虚拟联盟的产业融合反馈机制的重要基础。融合机制可以更为有效地指导实践中基于虚拟联盟的装备制造业与生产性服务业深度融合模式与路径的设计与揭示。因此，选择科学的评价方法，构建合理的评价指标体系，正确评价基于虚拟联盟的两大产业融合绩效，对基于虚拟联盟的装备制造业与生产性服务业融合反馈机制相关策略的设计极为关键。为了更为全面地评价基于虚拟联盟的装备制造业与生产性服务业融合绩效，本书采用静态绩效和动态绩效评价指标相结合的办法，从静态绩效评价的融合水平以及动态绩效评价的融合效率角度分别评价基于虚拟联盟的装备制造业与生产性服务业融合绩效。

从融合资源投入规模、融合资源投入结构、融合组织管理、融合经济绩效四个方面选择相应细分指标构建基于虚拟联盟的产业融合水平评价指标体系。其中装备制造业融合资源投入规模选择联盟内销售产值、联盟内企业数和联盟内从业人数作为二级指标；生产性服务业融合资源投入规模选择联盟内产业增加值、联盟内企业数和联盟内从业人数作为二级指标。

装备制造业融合资源投入结构选择联盟内产值占比和从业人数占比作为二级指标，联盟内产值占比＝联盟内装备制造业产值/联盟内工业总产值，联盟内从业人数占比＝联盟内产业从业人数/联盟内地区总就业人数；生产性服务业融合资源投入结构选择联盟内增加值占比和联盟内从业人数占比作为二级指标，联盟内增加值占比＝联盟内生产性服务业增加值/联盟内第三产业增加值，联盟内从业人数占比＝联盟内产业从业人数/联盟内总就业人数。

装备制造业融合经济绩效选择联盟内从业人数增长率、联盟内固定资产增长率和联盟内产值利润率作为二级指标，联盟内从业人数增长率 = 当年联盟内从业总人数/上年联盟内从业总人数，联盟内固定资产增长率 = 当年联盟内固定资产总额/上年联盟内固定资产总额，联盟内产值利润率 = 联盟内利润总额/联盟内销售产值。生产性服务业融合经济绩效选择联盟内从业人数增长率、联盟内固定资产投资增长率和联盟内固定资产投资效果系数作为二级指标，联盟内从业人数增长率 = 当年联盟内从业总人数/上年联盟内从业总人数，联盟内固定资产投资增长率 = 当年联盟内固定资产投资额/上年联盟内固定资产投资额，联盟内固定资产投资效果系数 = (当年联盟内生产性服务业增加值 - 上年联盟内生产性服务业增加值)/当年联盟内固定资产投资额。

在融合组织管理指标的选择方面，联盟内外资占比的高低可以反映相关领域政府准入限制的大小，联盟内研发 (research and development，R&D) 投入和联盟内 R&D 人员则可以反映相关产业对创新的重视程度以及产业创新文化。因此，选择联盟内外商投资占比、联盟内 R&D 经费内部支出和联盟内 R&D 人员占比作为两大产业融合组织管理方面的二级指标。其中，联盟内外商投资占比 = 联盟内外商投资额/联盟内产业总资本，由于生产性服务业外资数据较难获得，而生产性服务业是第三产业的重要组成部分，联盟内第三产业的外资结构可以反映联盟内生产性服务业外资结构的重要特征，因此采用联盟内第三产业外资相关数据作为替代变量。联盟内 R&D 人员占比 = 联盟内产业 R&D 人员数/联盟内产业总就业人数。由于装备制造业与生产性服务业作为细分行业，其具体的 R&D 数据较难获得，而装备制造业作为工业企业的重要构成，工业企业的 R&D 数据可以反映装备制造业 R&D 的结构特征；研究与开发机构属于生产性服务业的组成部分，其与生产性服务业在 R&D 结构方面具有较高的相似性；因此，装备制造业与生产性服务业联盟内 R&D 相关指标分别采用工业企业和研究与开发机构的相关指标作为替代变量。

基于虚拟联盟的装备制造业与生产性服务业融合水平指标体系及根据熵值法计算的各指标权重如表 5 - 1 和表 5 - 2 所示。

表 5 - 1　　　　　　　基于虚拟联盟的装备制造业指标体系及权重

一级指标	二级指标	权重
融合资源投入规模	联盟内销售产值	0.173
	联盟内企业数	0.158
	联盟内从业人数	0.171
融合资源投入结构	联盟内产值占比	0.056
	联盟内从业人数占比	0.129
	联盟内从业人数增长率	0.008
融合组织管理	联盟内外商投资占比	0.090
	联盟内 R&D 经费内部支出	0.152
	联盟内 R&D 人员占比	0.027
融合经济效益	联盟内固定资产增长率	0.014
	联盟内产值利润率	0.013

资料来源：笔者自制。

表 5 - 2　　　　　　基于虚拟联盟的生产性服务业指标体系及权重

一级指标	二级指标	权重
融合资源投入规模	联盟内产业增加值	0.143
	联盟内企业数	0.148
	联盟内从业人数	0.116
融合资源投入结构	联盟内产业增加值占比	0.064
	联盟内从业人数占比	0.083
	联盟内从业人数增长率	0.016
联盟融合组织管理	联盟内外商投资占比	0.103
	联盟内 R&D 经费内部支出	0.259
	联盟内 R&D 人员占比	0.023
联盟融合经济效益	联盟内固定资产投资增长率	0.020
	联盟内固定资产投资效果系数	0.004

资料来源：笔者自制。

5.2.2　基于虚拟联盟的融合水平评价方法选择

国内外学者对于产业融合水平的评价进行了许多有益的尝试，但是由于方法及适用范围不同，导致产业融合水平的测度方法在理论界尚未达成一致。常用的产业融合水平测度方法有三种。

1. 专利系数法

专利系数法以技术融合的测算为切入点。该方法的基本思想是不同产业之间专利若存在较高的相关度，则表明这些产业存在较多共同技术基础，或者说存在较高的技术融合水平，而技术融合是产业融合的重要标志，因此若能够计算出产业之间专利的相关程度，则可以据此判断不同产业间的融合水平。但该方法一方面对数据的要求较高，即不同产业间的详细专利使用数据较难获得；另一方面产业融合不仅包括技术融合，因此专利系数法并不能全面反映两个产业的融合程度。

2. 投入产出法

投入产出法即基于产业（部门）间的直接消耗系数对产业融合程度进行估算。该方法的基本思想是产业关联作为产业融合的重要前提，关系越紧密，则两个产业之间的融合水平越高。但是该方法主要用来衡量渗透性融合，与基于虚拟联盟的装备制造业与生产性服务业的融合方式并不相同；同时由于投入产出法实质上测算的是两个产业间的产业关联，根据第 2 章的理论分析可知，基于虚拟联盟的装备制造业与生产性服务业的产业融合虽然是以两大产业的关联性为前提条件，但两者并不能混淆，因此该方法虽可以在一定程度上反映产业融合的趋势，但并不能准确表达产业融合程度。

3. 耦合评价法

基于上述方法存在的缺陷，近年来一些学者开始尝试使用间接的方法，通过构建产业融合水平的综合评价体系测算产业间的融合程度。该类方法中比较具有代表性的是耦合评价法。耦合评价法是一种测度产业融合水平的间接方法，由于其数据的可获得性且适用性较高，成为近年来国内学者测算产业融合水平的一种常用方法。耦合本是物理学中的概念，指两个或两个以上系统通过相互作用而彼此影响的现象。这一概念后被引入经济学领域用以阐释不同经济系统间的协同发展和共生演化关系。耦合评价法测度产业融合水平的基本思想有在于：第一，从产业融合的内涵来看，产业融合是不同产业之间的技术、产品、管理等方面从原本互不相关到不断交叉渗透并突破既定产业边界的动态发展过程，反映了产业间的共生演化关系，这与耦合的概念较为契合，因此采用耦合评价法能够较好地反映产业融合的特征；第二，产业边界的消失是一个动态过程且难以量化，因此根据产业融合定义精准测算某一时点两个产业的融合水平较为困难，但两个产业的某些特征往往是影响产业融合的重要因素，若能找到这些因素，并在这些因素之间构建某种非线性关系以反映产业间的共生演化特征，便可以间接对两个产业的融合水平进行评价。

综上所述，本书采用耦合评价法对基于虚拟联盟的装备制造业与生产性服务业融合水平进行测度。根据第 2 章的扎根理论分析可知，基于虚拟联盟的装备制造业与生产性服务业的融合资源投入规模、投入结构、联盟融合组织管理和联盟融合经济绩效是影响虚拟联盟内两大产业融合的重要因素。其中，融合资源投入规模反映了基于虚拟联盟的两大产业融合所依赖的物质资本和人力资本基础，虚拟联盟内两大产业的规模越大，供给和需求也越强，更有利于实现基于虚拟联盟的两大产业融合。融合资源投入结构反映了融合资源分布特征和集聚程度，两大产业的协同集聚水平越高，知识、技术的经济外部性越强，越有利于实现融合。联盟融合组织管理反映了基于虚拟联盟的两大产业融合的过程，政府对联盟内两个产业的准入限制越小，越有利于资本、技术的流动，从而促进基于虚拟联盟的两大产业融合；虚拟联盟内两大产业的管理制度、文化氛围越相近，越容易形成制度互信，减少融合摩擦，从而促进融合。联盟融合经济绩效反映了两个融合主体的发展潜力，联盟融合的经济绩效越好，两大产业的价值链联系更为紧密，越能够促进虚拟联盟内装备制造业与生产性服务业的交互程度，从而促进产业融合的实现。据此，可以选择相应的指标构建耦合评价模型测度基于虚拟联盟的装备制造业与生产性服务业的融合水平。

5.2.3　基于虚拟联盟的产业融合水平评价

根据表 5-1 的指标体系，运用耦合评价模型对虚拟联盟内所包含的装备制造业与生产性服务业的耦合度和耦合协调度进行测算。

设基于虚拟联盟的装备制造业和生产性服务业耦合系统由虚拟联盟内的装备制造业子系统构成，虚拟联盟内的装备制造业子系统又包含相应细分指标。构建如下有序功效模型：

$$U_{ij} = \begin{cases} (m_{ij} - m_{ijmin})/(m_{ijmax} - m_{ijmin})，正指标 \\ (m_{ijmax} - m_{ij})/(m_{ijmax} - m_{ijmin})，负指标 \end{cases} \quad (5-1)$$

其中，m_{ij}、m_{ijmax}、m_{ijmin} 分别表示第 i 个序参量的第 j 个指标的数值及其上限、下限；U_{ij} 为系统 i 指标 j 的功效系数，反映 m_{ij} 对耦合系统的功效贡献程度，取值范围为 $[0, 1]$。

设装备制造业、生产性服务业各子系统的综合序参量分别为 U_1、U_2，则装备制造业、生产性服务业各子系统对耦合系统的贡献值为：

$$U_1 = \sum_{j=1}^{n} \lambda_{1j} U_{1j}$$

$$U_2 = \sum_{j=2}^{n} \lambda_{2j} U_{2j} \quad (5-2)$$

其中 U_{1i}、U_{2j} 为各子系统相应指标的功效系数；λ_{1j}、λ_{2j} 为各子系统相应指标的权重系数，采用熵值法计算，根据信息论中信息熵的定义，一组数据的信息熵 E_j 为：

$$E_j = -\ln(n)^{-1} \sum_{i=1}^{n} p_{ij} \ln p_{ij}$$

$$p_{ij} = U_{ij} / \sum_{i=1}^{n} U_{ij} \quad (5-3)$$

若 $p_{ij} = 0$，则定义 $\lim\limits_{p_{ij} \to 0} p_{ij} \ln p_{ij} = 0$。根据式（5-3）可计算出各指标的权重：

$$\lambda_j = 1 - \frac{E_j}{\sum_{j=1}^{n} (1 - E_j)} \quad (5-4)$$

此时，借鉴物理学中的容量耦合系数模型可得反映两大产业相互作用的耦合度模型：

$$C = 2\sqrt{\frac{U_1 U_2}{(U_1 + U_2)^2}} \quad (5-5)$$

其中 C 表示基于虚拟联盟的装备制造业和生产性服务业系统耦合度，$C \in [0, 1]$。耦合度反映基于虚拟联盟的两大产业间相互作用的强弱，可用来判断基于虚拟联盟的产业融合趋势，但难以反映产业间的整体协同效应，因而无法判断基于虚拟联盟的产业融合水平，因此需进一步构建耦合协调度模型：

$$D = \sqrt{C \times T} \quad (5-6)$$

其中 D 为基于虚拟联盟的装备制造业和生产性服务业两大系统的耦合协调度，用来评价基于虚拟联盟的产业融合发展水平，取值为 $D \in [0，1]$。T 为反映基于虚拟联盟的产业协同效应的综合协调系数，$T = \alpha \times Y_1 + \beta \times Y_2$，$\alpha + \beta = 1$，$\alpha$、$\beta$ 分别代表虚拟联盟内装备制造业和生产性服务业的贡献系数，其数值视两大产业的重要程度而定，本书借鉴傅为忠等（2017）的研究，取值为 $\alpha = 0.6$、$\beta = 0.4$。耦合协调度评价标准如表 5－3 所示。

表 5－3　　　　基于虚拟联盟的装备制造业与生产性
服务业融合度、耦合协调度评价标准

耦合度	耦合等级	耦合协调度	协调等级	耦合协调度	协调等级
0	无耦合	0＜D≤0.1	极度失调	0.5＜D≤0.6	勉强协调
0＜D≤0.3	低度耦合	0.1＜D≤0.2	严重失调	0.6＜D≤0.7	初级协调
0.3＜D≤0.7	中度耦合	0.2＜D≤0.3	中度失调	0.7＜D≤0.8	中级协调
0.7＜D≤1	高度耦合	0.3＜D≤0.4	轻度失调	0.8＜D≤0.9	良好协调
—	—	0.4＜D≤0.5	濒临失调	0.9＜D≤1	优质协调

注：耦合协调度 0.6＜D≤1 为可接受区间、0＜D≤0.4 为不可接受区间、0.4＜D≤0.6 为过渡区间。

资料来源：笔者自制。

其中耦合度代表基于虚拟联盟的两大产业融合趋势的强弱，耦合度越高，融合趋势越明显；耦合协调度代表了基于虚拟联盟的两大产业的融合水平，耦合协调度越高，融合水平越高。

5.3　基于虚拟联盟的产业融合效率评价

5.3.1　基于虚拟联盟的产业融合效率评价指标体系构成

基于第 2 章对基于虚拟联盟的装备制造业与生产性服务业融合过程及扎根理论对影响因素的分析，结合 5.1 评价指标机制的内涵与构建原则，在借鉴相关研究成果的基础上，设计基于虚拟联盟的装备制造业与生产性服务业融合效率评价指标体系，如表 5－4 所示。

表 5-4 基于虚拟联盟的装备制造业与生产性服务业融合效率评价指标体系

目标层	准则层	指标层
投入指标（Input）	联盟规模（IHs）	联盟固定资产净值
	联盟劳动力投入（IHq）	联盟从业人员总数量
	联盟融合资金投入（IFu）	联盟固定资产投资
产出指标（Output）	融合总产出（ICe）	融合总产值
	融合经营绩效（ICv）	融合营业利润
	融合社会效应（ICs）	融合利税总额

资料来源：笔者自制。

经济学中对效率的解释为利用最小的投入而获得最大经济产出的行为。因此虚拟联盟融合效率则指虚拟联盟内的装备制造业与生产性服务业彼此之间融合要素的投入与产出的最优组合。

在联盟融合投入指标方面，一级指标包括联盟规模、联盟劳动力投入、联盟融合资金投入，分别用联盟固定资产净值、联盟从业人员总数量、联盟固定资产投资来表示；在联盟融合产出方面，一级指标包括联盟总产出、联盟经营绩效、联盟社会效应，并分别用联盟总产值、联盟营业利润、联盟利税总额来表示。

5.3.2 基于虚拟联盟的产业融合效率评价方法选择

1. 参数方法

效率评价的方法主要包括两种：参数方法和非参数方法。参数方法是通过计算生产函数对绩效进行评价的方法，如索洛余值法、随机前沿法（stochastic frontier approach，SFA）等。索洛余值法的优点在于操作简洁、方便，能将复杂的经济问题简单化，且能够处理时间序列数据，已经被学者们广泛应用，但它同时具有一定局限性，使用这一方法需要设定前提假设，如假设技术进步是中性的、市场是完全竞争的市场，导致研究结论可能与实际具有较大差别。随机前沿法既适用于面板数据，又适用于横截面数据，在模型中引入随机误差项，有利于样本数据中误差的处理。但其只限于分析单产出问题，且需要预先设定生产函数，结论的准确性会受生产函数形式设定的影响，这一方法还需要大量的样本数据，否则会出现估计误差。另外，它与索洛余值法类似，也需要一些前提假设。

2. 非参数法

非参数法是一种不需要设定生产函数，直接从投入产出角度来评价绩效的指数方法，主要有数据包络分析法（data envelopment analysis，DEA）等。DEA 的最大优点是不需要知道生产函数的具体形式，且不需要预先设定各方面假设条件，对样本数量没有要求，仅通过线性规划就能计算出决策单元的生产前沿；缺点在于只是对不同样本在同一个时间点上的横向比较，不能实现时间上的纵向比较，即无法处理面板数据。

综上所述，目前难以估计基于虚拟联盟的装备制造业与生产性服务业融合绩效行为的生产函数的具体形式，并且会涉及联盟内众多企业，所以本书选择了 DEA 模型，希望通过这个综合性的指标对基于虚拟联盟的装备制造业与生产性服务业融合绩效的多投入和多产出效果进行评价，并测算基于虚拟联盟的装备制造业与生产性服务业融合绩效。

5.3.3　基于虚拟联盟的产业融合效率评价

传统 DEA 模型存在部分情况下无法对决策单元加以有效区分的问题。因此，需对传统 DEA 模型进行改进。借鉴孙凯和苏屹等学者的研究成果，以传统的 C^2R 模型为基础，引入虚拟 DMU 对其进行改进。具体步骤如下。

首先，构造虚拟 DMU。构造虚拟的最优决策单元和最劣决策单元，分别命名为 DMU_{n+1} 和 DMU_{n+2}，其输入向量分别为 $X_{n+1} = (x_{1,n+1}, \cdots, x_{i,n+1}, \cdots, x_{m,n+1})^T$ 和 $X_{n+2} = (x_{1,n+2}, \cdots, x_{i,n+2}, \cdots, x_{m,n+2})^T$，输出向量分别为 $Y_{n+1} = (y_{1,n+1}, \cdots, y_{r,n+1}, \cdots, y_{s,n+1})^T$ 和 $Y_{n+2} = (y_{1,n+2}, \cdots, y_{r,n+2}, \cdots, y_{s,n+2})^T$。其中最优 DMU_{n+1} 以实际全部 DMU 指标中的最小值和最大值分别作为其输入和输出指标值；最劣 DMU_{n+1} 则以实际全部 DMU 指标中的最大值和最小值分别作为其输入和输出指标值，即 $x_{i,n+1} = \min(x_{i1}, \cdots, x_{in})$，$y_{r,n+1} = \max(y_{r1}, \cdots, y_{rn})$；$x_{i,n+2} = \max(x_{i1}, \cdots, x_{in})$，$y_{r,n+2} = \min(y_{r1}, \cdots, y_{rn})$。不难看出，$DMU_{n+1}$ 和 DMU_{n+2} 有可能并不存在于生产可能集内部，其引入只是作为一个参照，为有效区分各 DMU 的效率服务。

其次，建立最优决策单元 DMU_{n+1} 的效率评价模型。以 $n+2$ 个决策单元的效率评价值为约束，以最优决策单元 DMU_{n+1} 的效率评价值 V_{n+1}^* 为目标函数建立新的 DEA 模型，如式（5-7）所示。

$$\begin{cases} \max \beta^T Y_{n+1} \\ \alpha^T X_j - \beta^T Y_j \geqslant 0, \ j = 1, \cdots, \ n+2 \\ \alpha^T X_{n+1} = 1 \\ \alpha \geqslant 0, \ \beta \geqslant 0 \end{cases} \quad (5-7)$$

则 DMU_{n+1} 显然是 DEA 有效的，则有 $V_{n+1}^* \equiv 1$，但式（5-7）有无穷多组最优解 α^* 和 β^*，需对其进行筛选，以确定对所有 DMU 都有符合要求的公共权向量。

然后，确定公共权向量。由 $V_{n+1}^* = \dfrac{u^{*T} Y_{n+1}}{v^{*T} X_{n+1}} = \dfrac{\beta^{*T} Y_{n+1}}{\alpha^{*T} X_{n+1}} = 1$ 可知，最优决策单元 DMU_{n+1} 满足 $\beta^{*T} Y_{n+1} - \alpha^{*T} X_{n+1} = 0$。为确定公共权向量，建立模型如式（5-8）所示。

$$\begin{cases} \min \beta^T Y_{n+2} \\ \alpha^T X_j - \beta^T Y_j \geqslant 0, \ j \neq n+1 \\ \alpha^T X_{n+2} = 1 \\ \beta^T Y_{n+1} - \alpha^T X_{n+1} = 0 \\ \alpha \geqslant 0, \ \beta \geqslant 0 \end{cases} \quad (5-8)$$

式（5-8）以最劣决策单元 DMU_{n+2} 的效率评价值最小为目标。相对于式（5-7），其增加了约束条件 $\beta^T Y_{n+1} - \alpha^T X_{n+1} = 0$，使得 DMU_{n+1} 的效率评价值最大。通过式（5-8）可对最优决策单元的无穷多组权向量进行筛选，得出使最劣决策单元效率值最小的一组权向量。

再次，求各 DMU 的效率值。在求解式（5-8）得到最优解 α^{**}、β^{**} 的基础上，利用式（5-9）求出各决策单元的效率评价值。

$$V_j^{**} = \frac{\beta^{**T} Y_j}{\alpha^{**T} X_j} \ (j = 1, \cdots, \ n) \quad (5-9)$$

最后，重复上述过程得到各 DMU 的效率值及其投入项的理想规模。

5.4 基于虚拟联盟的装备制造业
与生产性服务业融合反馈机制

5.4.1 基于虚拟联盟的产业融合反馈机制的内涵

反馈（feedback）是由美国应用数学家诺伯特·维纳（Norbert Wiener）所提出的《控制论》中的核心概念，并将其定义为"反馈是将系统以往操作结果再送入系统中去，根据过去的操作情况调整未来的行为。"因此，可见基于虚拟联盟的装备制造业与生产性服务业融合系统是一个复杂的系统，这一系统运行结果又调控着整个系统运行过程，这就是融合的反馈机制，也可称为反馈控制机制。

融合反馈机制应当是一个闭环的控制系统，运用反馈来揭示"结果"与"目标"之间的差异，同时，在系统运行的过程中不断进行控制与干预，使系统朝着预想的方向发展，并最终在这一目标状态上趋于稳定。

融合反馈机制具有如下功能。

（1）提升基于虚拟联盟的装备制造业与生产性服务业的融合绩效。构建基于虚拟联盟的装备制造业与生产性服务业的融合反馈机制体系，能够使各子机制结合虚拟联盟内装备制造业与生产性服务业的不同状态特征，依托对融合绩效的评价，发现影响融合绩效的积极与消极因素，从而制定科学合理有效的融合绩效提升策略，不断完善基于虚拟联盟的装备制造业与生产性服务业的融合机制，以此综合提升基于虚拟联盟的装备制造业与生产性服务业的融合绩效，并实现装备制造业的不断升级。

（2）推动基于虚拟联盟的装备制造业与生产性服务业融合的可持续化发展。对基于虚拟联盟的装备制造业与生产性服务业融合绩效进行评价的根本目的是要实现虚拟联盟内装备制造业与生产性服务业的协同发展，促进虚拟联盟内装备制造业的不断升级，即通过评价基于虚拟联盟的装备制造业与生产性服务业融合绩效，寻找主要影响因素，进而设计融合机制，以充分发挥各自优势，支撑基于虚拟联盟的装备制造业与生产性服务业融合的可持续化发展。

5.4.2 基于虚拟联盟的产业融合反馈机制设计框架

著名经济学家缪尔达尔在 1957 年提出循环累积因果论，后经卡尔多、迪克逊和瑟尔沃尔等人发展并具体化为模型。很多学者尝试利用该理论研究经济系统，认为经济系统是一个以反馈为核心的非线性系统。自组织理论中的循环理论也提出了物质、能量等在一个自组织系统里存在着循环复制、因果反馈等作用机制。在基于虚拟联盟的装备制造业与生产性服务业融合演化过程中，这种反馈机制主要体现在虚拟联盟特征与有序状态上。虚拟联盟的特征通过融合效应影响装备制造企业与生产性服务企业的行为，装备制造企业与生产性服务企业的行为集合最终改变了虚拟联盟的结构和内部关系，意味着虚拟联盟的有序状态被改变，并且新的虚拟联盟的结构和关系又决定了虚拟联盟的特点，形成了二者之间的反馈关系，如图 5 - 1 所示。在这个反馈机制中，存在两种类型的反馈，正效应引起的促进虚拟联盟组织机制运行的结果将使虚拟联盟的有序状态得到提升，形成正反馈，反之则形成负反馈。正反馈的作用是能使系统偏离原有的目标，使系统内部出现非平衡性，而负反馈则是趋向于保持系统原有的目标，引导系统走向平衡。正负两种反馈作用都是可以被累积的，当负反馈的力量超过正反馈的力量时，虚拟联盟会被锁定在某一平衡状态，失去对外部环境变化的适应性。这种反馈的累积作用表明虚拟联盟的自组织和解体都是一种动态发展的过程，不能用单一静态的原因来解释虚拟联盟的解体，同时，这种反馈机制也使得虚拟联盟特征的变化有规律可循，为寻求虚拟联盟解体的原因提供了可能性和研究方法。

如图 5 - 1 所示，基于虚拟联盟的装备制造业与生产性服务业融合绩效反馈机制模型中，在由装备制造业与生产性服务业所构成的虚拟联盟这一复杂系统中，作为融合主体的装备制造业与生产性服务业在内生性动力（资源互补、风险分担、利益共享）与外生性动力（政策驱动、科技进步、市场需求、竞争驱动）的共同作用下，逐步趋向融合状态，在融合过程中不断沟通和反馈，形成由伙伴选择、组织协调、利益分配与风险管理所构成的组织协调机制，而在装备制造业与生产性服务业融合过程中，主体行为又不断与组织协调机制进行反馈。同时，虚拟联盟这一复杂系统的运行状态将传递到融合主体并不断引导其对自身行为进行修正并反馈至系统运行机制。最后，通过设计评价指标体系对虚拟联盟融合状态即系统运行状态

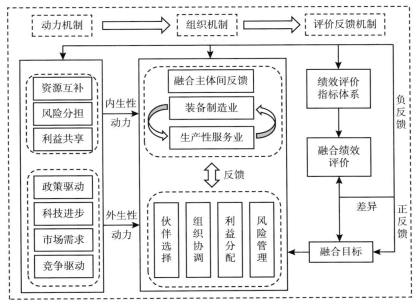

图 5 - 1　基于虚拟联盟的装备制造业与生产性服务业融合反馈机制设计框架

资料来源：笔者自制。

进行评价，并与两大产业融合这一目标进行比较分析，发现评价结果与融合目标之间的差异，当评价结果表明两大产业融合达到既定的融合目标即融合水平与融合效率均较高时，形成正反馈路径；当两大产业融合效率较低时，则形成负反馈路径，并作用于整个虚拟联盟融合运行机制，从而检视各子机制对融合绩效的影响强度及方向，对存在问题的机制进行完善。该虚拟联盟的反馈机制将对动力机制、组织协调机制、评价机制在内的整个机制运行进行实时的强化，保证由装备制造业和生产性服务业所构成的虚拟联盟达到稳定状态。

5.4.3　基于虚拟联盟的产业融合反馈机制模型构建

1. 评价方法

为避免在确定基于虚拟联盟的产业融合水平与融合效率过程中掺入识别者的主观因素，影响识别结果的客观性和准确性，本书采用聚类分析方法对基于虚拟联盟的产业融合水平与融合效率测度结果进行离散化处理，并以此为基础确定其状态。

针对传统聚类算法，如 K-means 算法和 Clarans 算法的不足，本书以 K-means 算法为基础，构建改进的 K-means 算法模型。

基于虚拟联盟的产业融合水平与融合效率对应簇的质心由式（5 – 10）求得。

$$Z_j = \frac{1}{N_j} \sum_{x \in W_j} X \qquad (5-10)$$

其中 N_j 表示属于 W_j 类的样本的个数，属于某个簇的所有点的算术平均值即为该簇的质心。

采用欧氏距离，即式（5 – 11）衡量对象到质心的距离：

$$d(x_i, x_j) = \sqrt{(x_i - x_j)^T (x_i - x_j)} \qquad (5-11)$$

目标函数采用平方误差准则可得函数 E，如式（5 – 12）所示。

$$E = \sum_{i=1}^{k} \sum_{j=1}^{n_j} |p - m_{ij}|^2 \qquad (5-12)$$

其中，E 为所有样本与质心距离之和，P 代表一个样本，m_{ij} 为簇的算术平均值。

针对 K-means 算法聚类结果波动大的问题，设计一种新的初始聚类中心寻找方法。为了避免取到噪音点，取相互距离最远的 k 个处于高密度区域的点作为初始聚类中心。定义一个密度参数：以 x_i 为中心，包含常数 S 个数据对象的半径称为对象 x_i 的密度参数，用 ε 表示。ε 越大，样本所处区域的数据密度越低，反之 ε 越小。通过计算每个样本的 ε 值即可得到一个高密度点集合 D。

采用最大最小距离算法的思想，在 D 中取处于最高密度区域的数据对象作为第一个聚类中心 Z_1；取距离 Z_1 最远的一个高密度点做第二个聚类中心 Z_2；计算 D 中各数据对象 x_i 到 Z_1，Z_2 的距离 $d(x_i, Z_1)$，$d(x_i, Z_2)$，Z_3 是满足 $\max(\min(d(x_i, Z_1), d(x_i, Z_2)))$ $i = 1, 2, \cdots, n$ 的数据对象 x_i，Z_m 为满足 $\max(\min(d(x_i, Z_1), d(x_i, Z_2), \cdots, d(x_i, Z_{m-1})))$ $i = 1, 2, \cdots, n$ 的数据对象 x_i，$x_i \in D$。依此得到 k 个初始聚类中心。

优化初始聚类中心的 k-means 算法描述如下：

算法输入：聚类个数 k 以及包含 n 个数据对象的数据集；

算法输出：满足目标函数值最小的 k 个聚类。

算法步骤如下：

第一步：计算任意两个数据对象间的距离：$d(x_i, x_j)$；

第二步：计算每个数据对象的密度参数，把处于低密度区域的点删除，得到处于高密度区域的数据对象的集合 D；

第三步：把处于最高密度区域的数据对象作为第一个中心 Z_1；

第四步：把 Z_1 距离最远的数据对象作为第二个初始中心 Z_2，$Z_2 \in D$；

第五步：令 Z_3 为满足 $\max(\min(d(x_i, x_j), d(x_i, Z_2)))$（$i = 1, 2, \cdots, n$）的数据对象 x_i，$Z_3 \in D$；

第六步：令 Z_4 为满足 $\max(\min(d(x_i, Z_1), d(x_i, Z_2), d(x_i, Z_3)))$（$i = 1, 2, \cdots, n$）的数据对象 x_i，$Z_4 \in D$；

第七步：令 Z_k 为满足 $\max(\min(d(x_i, Z_j)))$（$i = 1, 2, \cdots, n$；$j = 1, 2, \cdots, k-1$）的 x_i，$Z_k \in D$；

第八步：从这 k 个聚类中心出发，应用 K-means 聚类算法，得到聚类结果。

2. 基于虚拟联盟的产业融合水平与融合效率聚类分析

本书运用 SPSS22 软件"K-均值聚类"对虚拟联盟样本的融合水平与融合效率进行聚类分析。基于虚拟联盟的产业融合水平与融合效率分别对应"高""低"两种情况，故划分为 2×2 共 4 个不同的融合绩效状态。

当完成基于虚拟联盟的产业融合水平与融合效率聚类分析后，构建二维矩阵，如图 5-2 所示。整个二维矩阵将基于虚拟联盟的产业融合绩效分割为四种状态，状态一为高融合水平 - 高融合效率，这一状态下基于虚拟联盟的产业融合绩效可以总结为"又好又快"，此状态下的反馈机制为正反馈作用，将进一步促进基于虚拟联盟的两大产业融合动力的持续增强，同时基于虚拟联盟的两大产业融合的组织及协调机制持续完善，因此，此状态下应当从如何做好融合保障的角度入手，保持现有虚拟联盟内产业融合水平，维持现有虚拟联盟内装备制造业与生产性服务业的融合效率，并应当使虚拟联盟避免受到相关风险因素的影响，使基于虚拟联盟的两大产业融合从广度和深度方面得以进一步发展；状态二为高融合水平 - 低融合效率，这一状态与状态一区别在于基于虚拟联盟的两大产业融合已达到较高水平，但此时融合效率不够，而提升基于虚拟联盟的两大产业的融合效率则应聚焦于优化产业融合实现机制，通过进一步详细分析融合伙伴选择、融合过程组织协调、融合利益分配及融合风险管理各子机制，加强对虚拟联盟的管理，从而提高虚拟联盟内两大产业的融合效率；状态三为低融合水平 - 高融合效率，基于虚拟联盟的两大产业融合水平本身较低，这一绩效评价结果将反馈作用于基于虚拟联盟的两大产业融合动力机制，由从融合资源投入、融合动力增强两大角度提升基于虚拟联盟的两大产业融合水平；状态四为低融合水平－低融合效率，基于虚拟联盟的两大产业融合绩效评价结果将同时反馈作用于动力机制和实现机制，全方位、多角度进行基于虚拟联盟的两大产业融合绩效的提升。

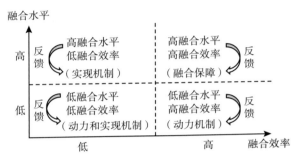

图 5 - 2　基于虚拟联盟的装备制造业与生产性服务业融合反馈机制作用路径
资料来源：笔者自制。

5.4.4　基于虚拟联盟的产业融合反馈机制实施策略

基于虚拟联盟的装备制造业与生产性服务业评价结果反馈的有效性直接决定了虚拟联盟是否可以持续运行，在整个虚拟联盟融合机制中起非常重要的作用。但在现实管理中这一环节并未得到应有的重视，往往由绩效评价机制取代。反馈机制的构建应当包括以下四个部分。

（1）准确定位目前的绩效状况。基于虚拟联盟的装备制造业和生产性服务业的绩效评价为融合反馈机制的建立和实施提供了基础，可以让虚拟联盟中融合主体充分认识联盟现有的融合状态，也是对所设计的基于虚拟联盟的装备制造业与生产性服务业融合机制的有效检验。

（2）深入分析结果偏差的原因。由评价对象共同分析绩效结果与原有预期出现偏差的原因，从融合的动力机制、伙伴选择机制、组织协调机制、利益分配机制及风险管理机制逐一检视其对虚拟联盟整体融合绩效的影响，以发现评价结果产生偏差的真实原因，从而给出绩效评价结果偏差的合理解释。

（3）提出优化措施及实现策略。对于绩效评价结果的分析可以揭示整个融合机制实现的关键问题，帮助各融合主体找到提升融合绩效水平的有效手段，并对融合机制提出相应的优化措施及具体实现策略，最终实现融合机制的进一步优化。

（4）对融合机制进行相应修正。通过对融合反馈机制的构建，将融合绩效评价的结果具体化，找出现有融合机制中存在的关键性问题，及时对融合机制进行修正，满足融合机制的动态性和科学性的要求，同时及时对融合机制进行调整，对融合过程实时控制，引导融合各方基于虚拟联盟进行深度融合。

5.5　本章小结

本章对基于虚拟联盟的装备制造业与生产性服务业融合绩效评价机制内涵进行界定，并基于虚拟联盟融合绩效评价指标体系设计原则和评价流程，构建基于虚拟联盟的装备制造业与生产性服务业融合水平评价指标体系，运用耦合评价法对融合水平进行评价，在此基础上，运用数据包络分析法对融合效率进行评价。同时基于反馈控制理论和循环累积因果论，设计基于虚拟联盟的装备制造业与生产性服务业融合反馈机制，并基于融合水平和融合效率评价的结果，设计反馈机制模型，揭示反馈机制对虚拟联盟内装备制造业与生产性服务业融合的反馈路径，提出基于虚拟联盟的产业融合反馈机制的实施策略。

第6章 基于虚拟联盟的装备制造业与生产性服务业融合机制的保障策略

基于虚拟联盟的装备制造业与生产性服务业融合的实现需从资源、组织、文化和制度等多方面进行，才能保障基于虚拟联盟的产业融合得以实现，并取得理想的产业融合绩效。因此，基于虚拟联盟的装备制造业与生产性服务业融合机制的保障策略也是产业融合机制体系的有机组成部分。本章将构建涵盖资源、组织、文化和制度等多种要素的产业融合保障策略体系。

6.1 基于虚拟联盟的产业融合机制的资源保障策略

基于虚拟联盟的装备制造业与生产性服务业融合机制的资源保障策略是为保证两大产业融合机制顺利运行而制定的行动方针和方法。从资源要素的角度来看，既要防止要素流动过程中的"寻租""恶性竞争"和"非理性集聚"等负面现象的发生，又要实现人、财、物和信息等融合系统要素的高效配置，实现要素价值的最大化。因此，保障基于虚拟联盟的装备制造业与生产性服务业融合机制的运行，主要包括人才资源保障、资金资源保障、信息资源保障、技术资源保障四个方面。

6.1.1 人才资源保障

基于虚拟联盟的装备制造业与生产性服务业融合中，装备制造企业的业务范畴和组织流程会发生重大变化，这就要求装备制造业企业、生产性服务企业对原有以及新兴的市场、技术、商业模式等诸多领域的深入挖掘及综合管理。同时，随着基于虚拟联盟的装备制造业与生产性服务业融合的不断深入，装备制造企业的业务类型增加，业务分工逐渐精细化，对高水平人力资源的需求越发强烈，充足的、高水平的人才资源是企业将外部环境中各项要素转化为企业价值增值能力的重要保障。因此，从以下两个方面实现人才资源的保障。

1. 优化人才培育与提升机制

基于虚拟联盟的装备制造业与生产性服务业融合需要在职业教育、高等教育层面构建"融合式"人才培养模式，我国各类高等院校应对接区域战略、优势产业和重点企业，加强"融合式"专业建设，完善"融合式"育人机制，为各地区产业转型升级和经济发展提供坚实的人才支撑；针对在岗在职的从业人员，各地区职能部门应协助各层次大专院校、科研院所及有条件的企业完善支撑服务体系和综合服务水平，实现开展定向培养、在职培训、业务进修企业"融合式"所需知识、技能的常态化、制度化，为各地区产业转型升级和经济发展提供坚实的人才支撑。

2. 完善人才跨组织交流机制

基于虚拟联盟的装备制造业与生产性服务业融合过程伴随技术、产品、商业模式的不断改进、变革及创新，因此，整合过程中，装备制造企业面临大量的异质性知识需求。作为知识的重要载体，人力资本跨组织的交流与互动能够迅速改变装备制造企业现有的知识结构，提高企业内部知识存量及多样性。因此，装备制造企业、生产性服务业企业应积极拓展与外部组织间正式及非正式的人才引进和交流途径，通过共建实验室、委托人才培养等方式促进跨组织的人才交流。

6.1.2　资金资源保障

随着基于虚拟联盟的装备制造业与生产性服务业融合的不断深入，装备制造企业的业务类型增加，分工逐渐精细化，装备制造业企业在实现利润增长、技术升级及产品由低水平过渡到高水平的过程中面临巨大的资金压力，除固有生产模式的资金压力外，改造低端生产线、提高产品附加值也需要更多的资金投入，因而对持续、稳健的资金资源的需求越发强烈，充足的、稳健的资金资源是实现基于虚拟联盟的装备制造业与生产性服务业融合的重要保障。因此，从以下三个方面实现资金资源的保障。

1. 加大相关企业技术升级的信贷支持

19 世纪我国曾出现针对企业技术改造项目发放的专门的信贷产品"企业技术改造贷款"，企业技术改造贷款与财政拨付、企业自筹的专项技改资金配套，为企业技术改造提供专项的融资支持。但随着国有企业和商业银行市场化改革的深化推进，不再存在专属信贷产品。考虑到银行对单个项目本金来源和未来预测现金流的重视，制造企业往往更倾向短期流动资金贷款以实现项目建设和技术改造，且由于融资期限与贷款实际用途会产生错配，企业的资金链存在一定的不确定性，而装备制造业的技术改造周期较一般制造业更长。所以，鉴于基建公共品属性的信贷模式与私人部门融资本质上存在较大差异，商业银行要开发针对特定企业技术改造的贷款模式，适应市场化条件下装备制造企业技术改造的需要，适度简化技改项目评估环节，并使贷款实际期限与技改周期相匹配，提高产品的适用性。

2. 加大相关企业并购业务的融资支持

在基于虚拟联盟的装备制造业与生产性服务业融合进程中，为进一步提高行业集中度，增强融合进程，强化竞争优势，一些装备制造企业也会采用并购制造企业、控股生产性服务业企业的方式，选择与自身需求相匹配的其他企业进行合并，以节约前期单独研发、组织架构调整的时间成本和投入。同时，由于竞争激烈，生产性服务企业也在加快行业内的整合步伐，具有优势地位的企业通过主动兼并收购活动谋求竞争主动。在新旧动能加速换挡，尤其是面临重大突发性事件等危机的时候，这种整合并购的步伐将会呈现加快态势。商业银行应发挥客户基础广泛的独特优势，为拟并购和被并购企业相互搜寻潜在目标客户提供专业服务，进而为后续并购贷款提供资金支持。同时，金融监管机构可尝试研究进一步放开贷款金额不超过并购资金 60%的限定，使商业银行按照企业的实际需求自行研判风险，进一步提高并购贷款的灵活性。

3. 加大虚拟联盟企业的信贷支持

在基于虚拟联盟的装备制造业与生产性服务业融合中，当处于核心支配地位的企业进行转型升级时，也意味着与之相配套的企业群也需同步进行技术升级或产品迭代。但银行在支持装备制造企业集群时，一般只考虑大型核心企业的需求，没有同步关注其虚拟联盟范围内企业的资金困难。其实，在紧密的产业链分工体系下，单体企业之间的竞争已演变为供应链之间的竞争，供应链效率直接决定了企业产品的竞争力。特别是在突发性风险事件频发时，"稳链、固链、强链"对大企业有更加突出的作用。商业银行要站在基于虚拟联盟的装备制造业与生产性服务业融合进程的格局上，不仅要做好大企业的融资支持，也要依靠大企业的信用输出，联动做好对产业链配套的中小企业融资，提高制造业融资的普惠性。

6.1.3　信息资源保障

信息是装备制造业和生产性服务业融合的战略性资源，其有效流动是两大产业融合的基础和前提，而信息本身在流动中也会实现更大的价值。更为重要的是，信息还可以引导人、财、物等产业资源的有向流动，实现融合要素的价值。考虑到企业自身收集整理相关信息的时效性、专业性以及利用、传递各类信息的能力的局限，基于虚拟联盟的装备制造业与生产性服务业融合过程中，两产业均需要更大范围、更加精准地获取信息资源以创造自由、开放、互利的信息交流氛围，促进两大产业间信息要素的流动，实现融合系统信息要素价值的最大化。因此，应从完善信息流动机制和加快标准体系建设两个方面实现信息资源的保障。

1. 完善信息流动机制

在基于虚拟联盟的装备制造业与生产性服务业融合中，以工业互联网为代表的平台经济是基于虚拟联盟实现融合发展的主要路径。在基于虚拟联盟的装备制造业与生产性服务业融合中，应该在龙头行业、政府部门引导下培育推广基于平台的系统解决方案，面向融合过程中存在的信息流通"断点"，有针对性地开展工业 App 研发创新和产业化推广，加快推进工业互联网示范区、工业互联网平台应用创新推广中心建设，促进工业互联网平台在垂直行业和重点区域的规模化应用和迭代创新，持续高质量打造多层次、系统性工业互联网平台体系，服务于基于虚拟联盟的装备制造业与生产性服务业融合进程。

2. 加快标准体系建设

在基于虚拟联盟的装备制造业与生产性服务业融合中，标准体系是引导行业融合规范化、协同化的重要手段，也是发挥政府作用与市场决定性力量的结合点。在推进基于虚拟联盟的生产性服务业与装备制造业融合发展过程中，应充分发挥向上承接战略规划、向下引导虚拟联盟建设的关键作用，一是要依托全国两化融合管理标委会等各级标准化组织持续完善融合发展标准体系，通过贯标实现新一代信息技术在装备制造业的深化应用和快速推广；二是要提升我国标准研制能力和国际话语权，使产业转型升级的中国方案真正走向世界，成为定义未来产业发展的指挥棒；三是在推进工业互联网等信息平台标准工作过程中，加强标准与知识产权的结合，强化知识产权保护，为构建安全可靠的平台体系打好基础。

6.1.4 技术资源保障

在基于虚拟联盟的装备制造业与生产性服务业融合中，装备制造企业的业务范畴和组织流程会发生重大变化，这就要求装备制造业企业、生产性服务业企业充分利用先进技术开展组织优化、流程优化。同时，随着基于虚拟联盟的装备制造业与生产性服务业融合的不断深入，装备制造企业的业务类型增加，业务分工逐渐精细化，对先进技术的需求越发强烈，稳健的技术资源是企业将外部环境中各项要素转化为企业价值增值能力的重要保障。因此，从以下三个方面实现技术资源的保障。

1. 依托信息技术支撑、提升联盟协同效率

装备制造企业与用户、外部组织间的协同需要以信息技术作为依托，为不同主体提供及时、准确、高效的沟通渠道，先进信息技术的采用能够有效提升基于虚拟联盟的装备制造业与生产性服务业融合过程的效率与效果。此外，在诸多创新型服务产品的生产及服务过程中，先进的信息沟通技术能够提供技术支撑与平台支撑，促进更多的商业模式或创新型产品的产生。因此，在基于虚拟联盟的装备制造业与生产性服务业融合过程中，应采用先进的通信手段，完善公共信息平台、信息服务平台的建设，为多主体协同提供充足的信息技术支持。

2. 引进行业龙头企业、承接技术溢出效应

应引导和鼓励相关行业的外资研发中心与本地研发机构和企业共同建立研发部门，强化与全球装备制造业、生产性服务业巨头的合作。提高对机器人上游和中游、高端数控机床、新能源汽车核心技术等重点突破领域的投资力度，充分吸收国内外领先技术，引领本土装备制造产业链向高端化攀升。依托产业集群、产业园、联盟组织等各类载体模式创新，进一步探索更为有效的优势互补、风险共担、成果共享机制，推动国际创新合作与技术转移。

3. 培育本土优质企业、提升集成供应能力

其一，大力支持装备制造业各子行业内的龙头企业强化技术创新和产业链集成，促进从原材料采购、智能生产、智能产品到市场服务的端到端的价值链集成，打造全球领先的集成供应商，提升全产业链资源整合能力。其二，针对有技术、成长性较好的本土民营企业制订跟踪培养计划，设立民营企业巨头培育基金，鼓励相关企业在全国范围内进行业务布局，提升中国各区域在不同智能制造重点产业领域的辐射力和竞争力。其三，支持新能源汽车、工业机器人等重点装备制造行业细分领域打造技术合作联盟，提升关键行业的横向合作和纵向集成能力，推动关键技术攻关突破与产业链向高端环节攀升。

6.2　基于虚拟联盟的产业融合机制的组织保障策略

基于虚拟联盟的装备制造业与生产性服务业融合机制的运行离不开相应组织机构的支持，一个合理高效的组织机构体系有助于融合系统新均衡态的实现。在基于虚拟联盟的装备制造业与生产性服务业融合过程中，随着工业互联网的深入发展以及智能制造技术、可重构制造系统以及生产性服务业业务改进、再造的综合应用，产业组织变革呈现出小型化、智能化、柔性化、专业化、社会化等一系列新特征，因此，从组织保障的角度来看，基于虚拟联盟的装备制造业与生产性服务业融合机制的组织保障策略应从培育组织生态、动态优化组织结构和组织协调三个方面入手。

6.2.1 培育产业组织生态

传统的科层制管理体制严重制约了基于虚拟联盟的装备制造业与生产性服务业融合过程中沟通协作的效率，相关产业在转型发展、融合进程中正加速向扁平化、网络化组织管理模式转型。因此，应培育产业组织新生态，以期实现开放创新、协同融合、健康规范的组织生态进而保障基于虚拟联盟的装备制造业与生产性服务业融合机制的效率。

1. 引导生产组织方式创新

在基于虚拟联盟的装备制造业与生产性服务业融合过程中，产业组织方式变革以智能互联、虚拟联盟为基础，依托现有企业技术改造专项、智能制造、服务型制造试点示范等政策，加快推进企业生产制造系统的数字化、网络化、智能化升级；支持发展一批数字化工厂示范项目，促进企业设计、生产、销售、服务、管理等系统的无缝对接；引导企业探索网络化、虚拟化生产组织模式，以智慧供应链建设为抓手，以关键数据为核心，整合信息流、物流、资金流、业务流、价值流，开展企业流程再造，形成系统化、集成化、敏捷化、智能化的管理模式。

2. 加快产业组织形态融合

在基于虚拟联盟的装备制造业与生产性服务业融合过程中，一方面，支持大型工业企业以工业互联网等各类虚拟联盟范围内的平台为依托，借助制造即服务的理念，将众多制造企业的资源整合起来，积极发展网络化协同制造，通过虚拟化接入，以服务的形式实现制造资源共享、能力众包。另一方面，支持企业依托工业互联网发展适应自身业务特点的定制服务，将大规模定制模式与众创、众设等创新组织模式结合，满足居民消费升级等多样化的需求，提升产品附加值和市场竞争力。同时还要支持有条件的企业发展成为面向行业或跨行业的工业互联网平台，形成具有较强协同能力和创新能力的集群生态。

3. 支持组织生态规范发展

在基于虚拟联盟的装备制造业与生产性服务业融合过程中，应加强对平台经济相关的反垄断和反不正当竞争、个人信息保护和知识产权保护等关键共性问题的治理，完善平台分类监管体系；科学把握平台经济业态的特点和运行规律，改革和优化传统监管架构和监管方式，重点完善公开、统一、透明的准入规范，加强部门的协同监管，综合运用大数据、互联网、人工智能等先进技术手段提升监管能力和水平；鼓励平台企业和平台相关主体共同参与治理，促进资源共享、风险共担和价值共创。

6.2.2　优化产业组织结构

在基于虚拟联盟的装备制造业与生产性服务业融合过程中，装备制造企业、生产性服务企业等各类企业的服务功能、业务内容、业务流程及内部联系等将发生较大改变。因此，基于虚拟联盟的装备制造业与生产性服务业融合过程中装备制造企业、生产性服务企业等各类企业必须调整组织功能和组织结构。

1. 优化产业组织要素流动

在基于虚拟联盟的装备制造业与生产性服务业融合过程中，一是组织机构及其功能要聚焦核心业务，突出创新与服务功能。组织机构的调整要与制造业服务化转型路径和拓展方向相适应。二是组织构成要素及其结合关系要具有集成性。通过整合组织资源、优化内部联系，形成资源共享、匹配合理、精干高效、整体优化的流程型有机组织。三是资源配置要突出重点。着重在增强服务功能、优化关键流程、提升核心竞争力等方面优化资源配置。

2. 创造组织结构调整前提

在基于虚拟联盟的装备制造业与生产性服务业融合过程中，应顺应高质量发展的要求，从环保、节能、质量、安全等方面进一步提高相关技术标准，推动企业出于技术升级和市场竞争需要而实现强强联合或并购重组，倒逼产业竞争力提升；围绕融合型新业态发展要求，进一步革新理念、创新监管，在跨领域准入门槛要求、管理体制衔接、跨领域政策融通等方面大胆探索，破除制造业与服务业融合的体制机制壁垒，为产业融合发展提供条件。

3. 培育组织结构创新形式

在基于虚拟联盟的装备制造业与生产性服务业融合过程中，依托互联网平台的众创众设模式实现国内外研发、设计、创意资源的有效整合，提高制造企业研发设计能力，帮助企业实现差异化竞争和创新驱动发展；健全和完善众创空间发展环境，通过线上与线下制造资源相结合、孵化与投资相结合，实现创新创意到产品的转化，带动创业和就业，进一步活跃制造业创新生态。

6.2.3　增强产业组织协调

装备制造企业、生产性服务业企业等各类企业存在"竞合"关系，因此，基于虚拟联盟的装备制造业与生产性服务业融合过程中的各类企业必须在产业组织层面实现协调、平衡，保障基于虚拟联盟的装备制造业与生产性服务业融合机制的顺利实施。

1. 构建组织间合作及互信机制

装备制造企业协作主体数量较多，协作关系复杂，涉及多个主体间利益分配、风险分担等多种问题，为避免合作关系破裂带来的价值体系结构问题，装备制造企业应构建良好的合作机制，规范协作合同或契约，增强合作的可持续性。同时，组织间信任关系的构建是合作关系建立的前提与基础。在合作关系构建的过程中，信任关系的建立能够改变潜在合作者对成本、风险、收益的分析，促进协作行为的发生；同时能够减少由于双方信息不对称引发的合作关系破裂，增加多主体协同成功的可能性；此外，信任关系的建立能够产生跨组织的协同效应，提高组织间协同效率。因此，装备制造企业应关注企业形象，在基于虚拟联盟的装备制造业与生产性服务业融合过程中与协作者建立良好的沟通机制，建立良好的企业形象和信誉度。

2. 优化组织间沟通及反馈制度

装备制造业与生产性服务业融合管理制度是融合主体根据融合系统目标、融合要素特征和融合系统环境等因素制定的用以约束融合系统成员行为的各种规章制度集合。此举可以有效保证两大产业融合过程中各项管理和组织活动的顺利进行，规范融合系统中各控制变量的情况。制定装备制造业与生产性服务业融合的管理制度应本着统一化、规范化和常态化的原则，对融合系统中的各要素加以引导和约束，建立系统化的管理制度体系，使融合系统的管理活动都有章可循、有法可依。在管理制度的基础上，构建相应的反馈制度是实现装备制造业与生产性服务业按既定融合战略发展的重要保障。构建装备制造业与生产性服务业融合反馈制度的重点包括三个方面：一是融合监督体系的构建，二是融合评价体系构建，三是融合监督及评价结果反馈机制的构建。构建融合反馈制度应以信息化为基础，提高其敏捷程度。首先通过对装备制造业与生产性服务业融合过程及效应的实时监督和及时评价，准确把握两大产业的融合状况；其次在此基础上，通过融合系统的信息网络向相关融合主体及支持性机构及时反馈信息及评价结果，并对两大产业的融合进程进行适当的调整或修正，保障两大产业融合的顺利进行。

6.3　基于虚拟联盟的产业融合机制的制度保障策略

基于虚拟联盟的装备制造业与生产性服务业融合机制的制度保障策略是推动和保证两大产业融合的制度策略总和，包括联盟规则、政府政策、企业规章等多个方面。基于虚拟联盟的装备制造业与生产性服务业融合机制的制度保障策略对融合机制的稳健性以及融合过程中内外部要素的流动与"涨落"均具有重要意义。

6.3.1　联盟规则保障

在基于虚拟联盟的装备制造业与生产性服务业融合过程中，依据国家推动高质量发展、打造产业升级版的宏大背景，创立产业高效协同运营的虚拟联盟。在政产学研用各方的共同支持下，虚拟联盟精准运营以期承担起示范引领作用，构建以企业为主体、融展战略为导向、产学研用深度融合的装备制造业与生产性服务业融合体系，解决传统联盟形式普遍存在的"联而不盟"、成员企业同质化竞争、资源整合难等问题，保障基于虚拟联盟的装备制造业与生产性服务业融合机制的实施。

1. 丰富联盟主体纽带、完善联盟运行规则

在基于虚拟联盟的装备制造业与生产性服务业融合过程中，相关的产学研各类主体可依据发展战略、互信互补程度实现阶段性的交互参股、专利授权，以股权、专利授权等为纽带，建立联盟之间的"血缘"关系，形成密

不可分的整体。在融合过程中，不断完善全供应链体系，以产业链和供应链为纽带，共同制定规划、申报项目、联合技术攻关、共享创新成果、共同开拓市场，完善"共建、共享、共智"的联盟运行规则。

2. 常态实现联盟规则创新、减缓联盟运行规则桎梏

联盟规则创新的意义在于充分利用创新思想，制定更有成效的激励规则，保障基于虚拟联盟的装备制造业与生产性服务业融合过程的开展。联盟规则创新涉及法律、政策、体制、机制等多个方面，一方面以合理的激励措施，激发正向融合行为的内生动力，另一方面以严格的规制措施，排除负面行为的不良干预。没有良好的体制机制进行规范，基于虚拟联盟的装备制造业与生产性服务业融合难以实现，在虚拟联盟的背景之下，部分装备制造业与生产性服务业的投入与支出不匹配，研发的效率就无法得到提升，知识创新与技术创新更加无从谈起。而且知识、技术、信息等资源和成果具有流动性的特点，容易被偷窃或复制，使行业技术创新无法取得预期效益，挫伤创新动力。因而可以在龙头企业、政府职能部门的指导、引导下开展联盟规则创新，通过激励机制引导装备制造业与生产性服务业融合，使联盟规则创新符合实际需求，将创新成果有效应用到生产实际当中。同时，优化创新环境，完善知识产权等保护机制，降低创新过程中面临的风险与成本，保障创新驱动战略的有效推进。在良好的制度环境下，我国的装备制造业与生产性服务业才能更加高效地融合。

6.3.2 政府政策保障

为确保装备制造业与生产性服务业融合的顺利进行，政府职能部门应合理利用、优化各类政策工具，营造产业融合的环境保障、制度保障。

1. 宽松的产业融合政策

融合过程涉及多种不同性质、不同类型主体的互动，如服务业企业、高校、科研院所、制造业企业等，宽松的产业融合政策能够通过增强组织跨产业的流动性为不同主体的价值共创活动提供良好的经济环境与市场环境。因此，相关部门应采取适当的税收减免政策，降低跨产业间协同、合作壁垒，提高基于服务化的价值链整合的市场活力与整合效率。

2. 完善和落实创新激励政策

新的商业模式、合作机制、新的产品技术是基于虚拟联盟的装备制造业与生产性服务业融合的重要产出，能够推动企业绩效的提升。在融合过程中，装备制造企业及协同企业掌握的核心技术和创新性成果是决定企业能否获取竞争优势，打造核心能力的关键。因此，为激发创新活力，相关部门应从人才培养与引进、产学研合作、企业研发机构建设等多个方面为企业创新及创新成果的转化提供政策红利，提高企业自主创新、联合创新能力，促进创新成果向经济效益的转化。

3. 建立健全知识产权制度

基于虚拟联盟的装备制造业与生产性服务业融合过程存在诸多的参与者，通过价值链整合，多个不同主体之间相互协同，共同从事服务型产品的研发、设计与生产等活动，这一过程存在大量的知识交互行为。而不同主体间知识的泄露与知识产权的纠纷成为影响多主体协作稳定性的重要因素。因此，建立完善的知识产权制度，完善企业间新合作业态、商业模式的法律法规，制定相应的奖惩机制，遏制知识窃取行为及其他投机行为的发生能够强化装备制造企业及相关主体产业融合的意愿与动力。

6.3.3　企业规章保障

为确保装备制造业与生产性服务业融合过程的顺利，联盟内各主体应依据发展战略，从企业内部运行体系优化视角，动态调整企业规章以期匹配企业融合发展战略，合理匹配冗余资源，从预算管理体系、优化流程管理等视角落实保障。

1. 预算管理制度优化

制定与企业战略相吻合的预算目标，规避短期利益追求，可将平衡计分卡引入全面预算管理当中，借助其战略导向思维，从平衡计分卡的四个维度将其分解为更加具体的预算目标；可采用质询会的方式，让每个部门都参与其中，提出各自部门的工作目标和方向，通过反复质询，使每个预算目标都紧紧围绕企业长期发展规划，使企业战略与全面预算结合，实现企业价值最大化。

2. 流程管理制度优化

企业原有的制度文件和新兴领域的业务流程可能存在冲突桎梏，缺乏业务管理方法和管理内容的主次区分。为便于产业融合的顺利开展，可将制度文件的制定方法向 ISO 9001 质量管理体系靠拢，并逐步引入流程管理的理论和实践方法，探寻管理要求缺失项目并予以及时补齐。此外，企业应依据《企业内部控制应用指引》的要求审视和对照现有的规章制度、流程管理及相关要求，对于不满足要求的业务活动再请业务负责部门按照既有的流程管理方法进行优化、修订或新增必要的流程文件。

3. 融合考评制度优化

传统的考评只考虑了财务指标，没有将非财务指标列入考评体系。在融合过程中，可以借助平衡计分卡将财务指标与非财务指标结合，从企业的财务、客户、内部流程、学习与成长四个角度进行考核指标的设置。公司可以成立数据小组，负责收集数据，为生产打基础，并对企业产品的贡献毛益进行梳理，也可以编制产品盈利分析表、供应商价值分析表，同时注重客户的反馈，编制客户价值分析表、业务员价值分析表，从不同维度对员工进行考核。在考核指标设置完成后要将预算责任落实到每一位员工身上，并设置相应的打分制度，也可以根据得分情况进行等级评定，通过预算目标的层层分解以及激励措施的有效实施，引导企业内每一位员工为实现企业的战略目标而努力，提升公司全面预算管理的整体效率。

6.4 基于虚拟联盟的产业融合机制的文化保障策略

基于虚拟联盟的装备制造业与生产性服务业融合机制涉及虚拟联盟范围内的装备制造企业、生产性服务业企业等匹配"融合式"发展的文化氛围，以便更加接纳异质性知识、熟悉其他行业业务流程以期减少基于虚拟联盟的装备制造业与生产性服务业融合机制的内部阻力并保障融合机制的稳健性，因而基于虚拟联盟的装备制造业与生产性服务业融合机制的文化保障策略包括企业文化保障、联盟文化保障、融合文化保障三个方面。

6.4.1　企业文化保障

为确保装备制造业与生产性服务业融合过程的顺利，联盟内各主体企业应依据发展战略，从企业内部文化架构运维视角，构建基于虚拟联盟的企业融合文化价值体系和传播体系，以期实现基于虚拟联盟的装备制造业与生产性服务业融合的企业文化保障。

1. 建构企业融合文化价值体系

总结提炼企业自身的宝贵经验和价值内涵，积极吸收借鉴联盟范围内各主体融合文化的有益成分，建构具有行业特色、全球视野、世界高度的融合文化价值体系。融合文化价值体系需要回应产业融合发展对装备制造企业、生产性服务业企业融合文化的要求、回应"一带一路"倡议对装备制造企业融合文化的要求，也需要回应打造人类命运共同体的崇高目标对装备制造企业融合文化的要求。将"创新、协调、绿色、开放、共享"作为企业融合发展理念的总指引，为企业融合文化建设提供核心价值坐标。

2. 打造企业融合文化传播体系

联盟内各主体企业应依据自身优势条件，打造由工业遗址博物馆、工业体验馆、工业旅游等设施和目标组成的多层次的文化体验网络，将企业融合发展文化体验渗入公众日常生活。在传播体系建设方面，要建设以传播工业文化为主要定位、面向国内外消费者的工业文化传播平台及传媒体系，包括工业题材的影视、网络游戏、文学、美术、设计与工艺展、工业会展等，形成具有行业特色的企业融合发展文化体验和传播体系。

6.4.2　联盟文化保障

为确保装备制造业与生产性服务业融合过程的顺利，联盟内各主体企业应依据发展战略，从联盟的融合文化建构、运维视角，构建基于虚拟联盟的联盟品牌体系和设计体系，以期实现基于虚拟联盟的装备制造业与生产性服务业融合的联盟文化保障。

1. 打造联盟品牌体系

优秀的联盟品牌体系是融合文化的重要表征，也是提升我国装备制造企业、生产性服务企业文化内涵和文化定价权的重要平台。要努力吸收中外虚拟联盟的优秀文化，深耕现有品牌，开创新品牌，建设联盟品牌评价和监督体系，不断提升我国自主品牌的全球知名度，增强我国虚拟联盟视角下的各类工业品、服务品的全球定价权，提升我国虚拟联盟视角下的各类工业品、服务品的文化附加价值。

2. 培育联盟设计体系

通过教育培训、实践锻炼与国际交流的高度融合，培养一流的工艺美术、设计艺术人才和工业设计大师。在数字科技方面，要加快推进以文化创意产业为代表的生产性服务业、大数据、云计算和人工智能等高技术产业与我国装备制造业的融合发展，使我国基于虚拟联盟的装备制造业与生产性服务业融合的整体水平迅速向世界一流水平靠近。在文化内涵方面，要继续深入推进中国优秀传统文化的文化基因、文化要素与工业设计文化的深度融合，创造具有中国特色、中国气魄的工业设计风格，充分实现文化创意产业作为生产性服务业对我国装备制造业的文化赋值和价值提升作用。

6.4.3 融合文化保障

为确保装备制造业与生产性服务业融合过程的顺利，应在社会范围内营造融合文化，使融合文化深入人心，通过构建融合文化的教育体系以及优化融合文化发展的外部环境，实现基于虚拟联盟的装备制造业与生产性服务业融合的文化保障。

1. 建构融合文化的各类教育体系

要逐步建立中国特色的融合文化教育体系，使融合文化的核心理念以及价值追求扎根于每一位公民的思想深处，使工业精神、融合发展理念成为我国建设世界工业强国的深厚土壤。同时，要在严格遴选的基础上，打造我国融合文化发展的本土示范群体，着力传播陕鼓模式、大庆精神、"两弹一星"精神、载人航天精神和诸多新兴优秀企业所铸造的创业创新精神。此外，要积极倡导对西方工业文化进行研究和借鉴，拓展我国工业文化的深度和广度。

2. 优化融合文化发展的外部环境

融合文化发展需要良好的外部环境支撑。在市场环境方面，要不断完善现代市场体系，使不同所有制企业在公平的竞争环境、严格的监管环境和宽松的发展环境下专注发展。为企业开展创新研发、品牌经营、追求卓越创造良好的外部环境，逐步使我国融合文化建设的方式由外部倡导转变为企业的内生性自觉追求。在保护创新精神方面，要形成全社会尊重企业家、保护企业家的精神氛围，使企业家在建设新时代中国特色工业文化、推动我国成为世界工业强国的过程中发挥不可替代的重要作用。

6.5　本 章 小 结

本章从四个方面提出基于虚拟联盟的装备制造业与生产性服务业融合机制的保障策略。一是从人才资源、资金资源、信息资源和技术资源四个角度提出基于虚拟联盟的装备制造业与生产性服务业融合机制的资源保障策略；二是从培育产业组织生态、优化产业组织结构和增强产业组织协调三个角度提出基于虚拟联盟的装备制造业与生产性服务业融合机制的组织保障策略；三是从联盟规则、政府政策和企业规章三个角度提出基于虚拟联盟的装备制造业与生产性服务业融合机制的制度保障策略；四是从企业文化、联盟文化和融合文化三个角度提出基于虚拟联盟的装备制造业与生产性服务业融合机制的文化保障策略。

结　　论

结合国家振兴装备制造业和加快现代生产性服务业发展这一时代背景，以扎根理论、战略联盟理论为基础，通过揭示基于虚拟联盟的装备制造业与生产性服务业融合机理，构建基于虚拟联盟的装备制造业与生产性服务业融合机制体系，设计产业融合机制保障策略体系，对促进我国装备制造业与生产性服务业又好又快发展具有重要的理论和现实意义。

在对装备制造业、生产性服务业、虚拟联盟和产业融合等关键概念进行内涵界定的基础上，对基于虚拟联盟的装备制造业与生产性服务业融合机理进行系统揭示，确定基于虚拟联盟的产业融合关键要素，并在此基础上对基于虚拟联盟的产业融合机制进行设计，提出保障产业融合机制实施的策略体系。本书的主要研究成果及创新之处如下。

（1）构建了涵盖融合条件、动因、过程和效应的产业融合机理研究框架，对基于虚拟联盟的装备制造业与生产性服务业融合机理进行系统揭示；研究发现产业融合理论上是在满足两大产业具有共同战略利益、产业规制环境放松的条件下，由市场需求、产业竞争和风险管控多维因素共同驱动，经过需求融合、产品融合和产业融合等过程，实现产业竞争力提升、产业结构优化和产业价值链升级等效应的产业演进过程；采用质化研究方法对基于虚拟联盟的装备制造业与生产性服务业融合关键要素进行分析，揭示产业融合动力、产业融合实现、产业融合效应评价反馈以及产业融合保障是产业融合的关键要素，在此基础上设计了基于虚拟联盟的装备制造业与生产性服务业融合机制框架，得到由融合动力机制、融合实现机制、融合评价反馈机制构成的产业融合机制体系。

（2）构建了产业融合动力理论模型，运用结构方程对其进行假设检验，证实了内外部动力源对基于虚拟联盟的产业融合的直接驱动作用，验证了政策驱动和市场竞争驱动的间接作用，揭示了各动力的作用机制；构建了基于虚拟联盟的产业融合动力传导路径，提出并分析动力传导外源性动力输入阶段、内生－外源性动力聚合阶段和内生－外源合力协同作用阶段。在此基础上，从融合动力持续、融合动力增强、融合动力协同三方面提出基于虚拟联盟的装备制造业与生产性服务业融合动力管理，并从政府和联盟角度提出动力管理策略。

（3）从融合伙伴选择、融合过程组织协调、融合利益分配和融合风险管理四个方面设计了基于虚拟联盟的装备制造业与生产性服务业融合实现机制。在伙伴选择方面，设计了融合伙伴选择原则与流程，构建了融合伙伴评价体系，建立了基于网络分析法和三角模糊数型方法的融合伙伴选择方法，提出了融合伙伴绩效评价与动态控制方法；在基于虚拟联盟的产业组织协调方面，从虚拟联盟战略协调、组织模式选择和沟通协调三个方面设计了产业融合组织协调体系；在对利益分配方法进行选择的基础上，分别基于夏普利值法和纳什谈判定理提出了虚拟联盟的利益分配策略；在基于虚拟联盟的产业融合风险管理方面，对产业融合风险因素进行了识别与分析，并提出产业融合风险的评价体系和分类方法，最后设计了产业融合风险的分类管理策略。

（4）构建基于虚拟联盟的装备制造业与生产性服务业融合水平评价指标体系，并运用耦合评价模型对基于虚拟联盟的装备制造业与生产性服务业融合水平进行评价。基于产业融合的双向性，运用 DEA-Malmquist 指数模型对基于虚拟联盟的装备制造业与生产性服务业正向融合效率和负向融合效率分别进行评价。同时基于反馈控制理论和循环累积因果论设计基于虚拟联盟的装备制造业与生产性服务业融合反馈机制，并基于前面融合水平和融合效率评价的结果，设计基于虚拟联盟的装备制造业与生产性服务业融合反馈机制模型，揭示反馈机制对虚拟联盟内装备制造业与生产性服务业融合的反馈路径，最后提出虚拟联盟融合反馈机制的实施策略。

（5）设计了基于虚拟联盟的装备制造业与生产性服务业融合机制的保障策略体系。一是从人才资源、资金资源、信息资源和技术资源四个角度设计了资源保障策略集；二是从培育产业组织生态、优化产业组织结构和增强产业组织协调三个角度设计了组织保障策略集；三是从联盟规则、政府政策和企业规章三个角度设计了制度保障策略集；四是从企业文化、联盟文化和融合文化三个角度设计了文化保障策略集。

本书通过对基于虚拟联盟的装备制造业与生产性服务业融合机理的揭

示，构建了两大产业融合机制体系。相关研究成果是对产业融合理论和虚拟联盟理论的进一步拓展和有益补充，能够为中国装备制造业和生产性服务业通过产业融合实现产业升级与可持续发展提供决策参考和有益借鉴。同时，本书还存在一定的局限性，一是采用了质化研究方法揭示产业融合影响因素，造成研究可能存在主观性过强的问题；二是虚拟联盟的特征不够突出，如何通过软约束实现产业融合等仍需在后续研究中深入探索。

参 考 文 献

［1］车密，原长弘．转型情境下产学研联盟组合管理初探［J］．科技管理研究，2019，9（2）．

［2］陈晓华，刘慧．生产性服务业融入制造业环节偏好与制造业出口技术复杂度升级——来自 34 国 1997～2011 年投入产出数据的经验证据［J］．国际贸易问题，2016，42（6）．

［3］程广斌，杨春．中国省域产业融合能力：理论解构、评价方法及时空分异分析［J］．科技进步与对策，2019，36（7）．

［4］楚明钦．中国生产性服务业与装备制造业融合——基于第三次工业革命的分析［J］．现代管理科学，2016（1）．

［5］邓渝．资源整合对突破性创新的影响研究——联盟伙伴竞争的调节作用［J］．管理评论，2019，31（11）．

［6］段海燕，王培博，蔡飞飞，等．省域污染物总量控制指标差异性公平分配与优化算法研究——基于不对称 Nash 谈判模型［J］．中国人口·资源与环境，2018，28（8）．

［7］段云龙，张新启，刘永松，等．基于管理协同的产业技术创新战略联盟稳定性研究［J］．科技进步与对策，2019，36（5）．

［8］傅为忠，储刘平．长三角一体化视角下制造业高质量发展评价研究——基于改进的 CRITIC - 熵权法组合权重的 TOPSIS 评价模型［J］．工业技术经济，2020，39（9）．

［9］傅为忠，金敏，刘芳芳．工业 4.0 背景下我国高技术服务业与装备制造业融合发展及效应评价研究——基于 AHP - 信息熵耦联评价模型［J］．工业技术经济，2017（12）．

［10］高觉民，李晓慧．生产性服务业与制造业的互动机理：理论与实证［J］．中国工业经济，2011（6）．

［11］高杰，丁云龙．军民融合产业联盟的新生境构成、组织形态与治理结构走向研究［J］．公共管理学报，2019，16（4）．

[12] 高智，鲁志国．产业融合对装备制造业创新效率的影响——基于装备制造业与高技术服务业融合发展的视角 [J]．当代经济研究，2019 (8)．

[13] 龚雪．供应链战略联盟下的零售业创新分析——以零供动态战略联盟为例 [J]．改革与战略，2015，31 (3)．

[14] 顾乃华，毕斗斗，任旺兵．生产性服务业与制造业互动发展：文献综述 [J]．经济学家，2006 (6)．

[15] 桂黄宝，刘奇祥，郝铖文．河南省生产性服务业与装备制造业融合发展影响因素 [J]．科技管理研究，2017，37 (11)．

[16] 郭朝先．产业融合创新与制造业高质量发展 [J]．北京工业大学学报（社会科学版），2019，19 (4)：49 – 60．

[17] 韩帅，刘树林．带预算约束的广告主均衡报价研究——基于纳什均衡角度 [J]．中国管理科学，2019 (5)．

[18] 贺小丹，田新民．高端生产性服务业水平、结构及对制造业渗透性研究——以京津冀地区为例 [J]．首都经济贸易大学学报，2018 (5)．

[19] 衡量，贾旭东，何光远，等．社会责任对虚拟经营战略的影响机理与路径研究 [J]．管理评论，2018，30 (9)．

[20] 衡量，贾旭东，李飞．扎根范式下虚拟企业战略演进过程及机理的研究 [J]．科研管理，2019，40 (7)．

[21] 贾旭东，郝刚．基于经典扎根理论的虚拟政府概念界定及组织模型构建 [J]．中国工业经济，2013 (8)．

[22] 贾旭东，何光远．基于供应链视角的虚拟企业模型构建 [J]．管理学报，2019，16 (7)．

[23] 姜博，马胜利，唐晓华．产业融合对中国装备制造业创新效率的影响：结构嵌入的调节作用 [J]．科技进步与对策，2019，36 (9)．

[24] 姜文．虚拟企业中组织间知识共享的动力机制新探 [J]．科技管理研究，2011 (15)．

[25] 蒋庆来，潘达，陈享姿．产业联盟促进"三链融合"发展作用机制研究 [J]．价值工程，2018，37 (11)．

[26] 李慧．生产性服务业与制造业融合的绩效研究 [D]．天津：天津财经大学，2015．

[27] 李靖华，林莉，闫威涛．制造业服务化的价值共创机制：基于价值网络的探索性案例研究 [J]．科学学与科学技术管理，2017，38 (5)．

[28] 李军, 朱先奇, 姚西龙, 等. 供应链企业协同创新利益分配策略——基于夏普利值法改进模型 [J]. 技术经济, 2016, 35 (9).

[29] 李林蔚. 合作优势互补与联盟风险规避的前因及其效应研究 [J]. 科学学与科学技术管理, 2019, 40 (7).

[30] 李宁, 韦颜秋. 天津市生产性服务业与制造业协同发展研究 [J]. 地域研究与开发, 2016, 35 (6).

[31] 李仁方. 从市场共享到产业融合: 中国与太平洋联盟的经贸合作 [J]. 西南科技大学学报 (哲学社会科学版), 2016, 33 (3).

[32] 李晓钟, 黄蓉. 工业4.0背景下我国纺织产业竞争力提升研究——基于纺织产业与电子信息产业融合视角 [J]. 中国软科学, 2018, 34 (2).

[33] 李晓钟, 杨丹. 我国汽车产业与电子信息产业耦合发展研究 [J]. 软科学, 2016, 30 (11).

[34] 李丫丫, 王磊, 永涛. 物流产业智能化发展与产业绩效提升——基于 WIOD 数据及回归模型的实证检验 [J]. 中国流通经济, 2018, 32 (3).

[35] 李玥, 郭航, 张雨婷. 知识整合视角下高端装备制造企业技术创新能力提升路径研究 [J]. 科学管理研究, 2018, 36 (1).

[36] 凌永辉, 张月友, 沈凯玲. 中国的产业互动发展被低估了吗? [J]. 数量经济技术经济研究, 2018, 35 (1).

[37] 令狐克睿, 简兆权. 制造业服务化升级路径研究——基于服务生态系统的视角 [J]. 科技管理研究, 2018, 38 (9).

[38] 刘捷先, 张晨. 公共服务平台下虚拟联盟成员选择机制及联盟企业间协同制造问题研究 [J]. 中国管理科学, 2020, 28 (2).

[39] 刘杨, 王海芸. 基于企业技术创新效率的主导产业选择研究——以北京为例 [J]. 科学学研究, 2017, 35 (11).

[40] 刘耀彬, 杨文文. 基于 DEA 模型的环鄱阳湖区城市群空间网络结构绩效分析 [J]. 长江流域资源与环境, 2012, 21 (9).

[41] 刘奕, 夏杰长, 李垚. 生产性服务业集聚与制造业升级 [J]. 中国工业经济, 2017, 35 (7).

[42] 刘卓聪, 刘蕲冈. 先进制造业与现代服务业融合发展研究——以湖北为例 [J]. 科技进步与对策, 2012, 29 (10).

[43] 马辉, 王素贞, 黄梦娇. 基于社会网络分析的建筑产业联盟协同

创新影响因素分析——以京津冀地区为例 [J]. 科技管理研究, 2018, 38 (15).

[44] 马静宇, 李泉林. 物联网环境下企业组织的效率挖掘与虚拟联盟实化 [J]. 企业经济, 2016 (3).

[45] 马千里. 制造业与服务业的融合及其意义——评《产业融合——中国生产性服务业与制造业竞争力研究》 [J]. 广东财经大学学报, 2019, 34 (1).

[46] 毛凌翔, 何建华. 互联网经济下的虚拟企业信息资源交互与保障机制研究 [J]. 现代情报, 2018, 38 (3).

[47] 明星, 胡立君, 王亦民. 基于聚类分析的区域装备制造业竞争力评价研究 [J]. 宏观经济研究, 2020 (6).

[48] 庞博, 邵云飞. 联盟经验对联盟组合管理能力的影响研究 [J]. 管理学报, 2018, 15 (8).

[49] 綦良群, 蔡渊渊, 王成东. 全球价值链的价值位势、嵌入强度与中国装备制造业研发效率——基于 SFA 和研发两阶段视角的实证研究 [J]. 研究与发展管理, 2017, 29 (6).

[50] 綦良群, 高文鞠. 区域产业融合与装备制造业绩效提升 [J]. 中国科技论坛, 2019 (10).

[52] 綦良群, 李庆雪. 装备制造业与生产性服务业互动融合动力研究 [J]. 湘潭大学学报 (哲学社会科学版), 2017, 41 (1).

[51] 綦良群, 李庆雪. 装备制造业与生产性服务业互动融合发展研究 [J]. 学习与探索, 2016 (11).

[53] 綦良群, 刘晶磊, 吴佳莹. 服务化对先进制造业全球价值链升级的影响机制——基于企业双元能力视角的研究 [J]. 中国软科学, 2022 (4).

[54] 乔玉婷, 黄朝峰, 鲍庆龙. 产业技术联盟的运行机制和作用机理研究 [J]. 科学管理研究, 2019, 37 (4).

[55] 曲靖野, 张向先, 孙笑宇. 虚拟企业联盟信息生态系统构建研究 [J]. 情报科学, 2015, 33 (5).

[56] 单元媛, 罗威. 服务业与制造业融合对产业结构优化升级影响的实证分析 [J]. 武汉金融, 2013 (2).

[57] 尚珊, 何芳. "虚实结合"咨询企业创建与组织结构设计 [J]. 情报理论与实践, 2012, 35 (7).

[58] 申明浩，卢小芳．生产性服务业对制造业产业高度的影响研究——基于省级动态面板数据的 GMM 估计 [J]．国际经贸探索，2016，32 (8)．

[59] 宋丽丽，冯勇，王嵘冰．基于社会网络的虚拟企业联盟信息共享分析体系研究 [J]．情报科学，2018，36 (4)．

[60] 宋怡茹，魏龙，潘安．价值链重构与核心价值区转移研究——产业融合方式与效果的比较 [J]．科学学研究，2017，35 (8)．

[61] 苏娜，刘东．生产者服务业与制造业互动升级的机理与路径——对某铝板经销商案例的经济解释 [J]．经济与管理，2018，32 (3)．

[62] 苏屹，喻登科，李柏洲．基于改进 DEA 的我国高技术企业技术创新绩效研究 [J]．科学学与科学技术管理，2012，33 (6)．

[63] 孙凯，曹丽艳，毕克新．基于改进 DEA 模型的企业孵化器孵化效率评价 [J]．管理现代化，2013，33 (2)：50 - 52．

[64] 唐海燕．新国际分工、制造业竞争力与我国生产性服务业发展 [J]．华东师范大学学报 (哲学社会科学版)，2012，44 (2)．

[65] 唐晓华，张欣珏，李阳．中国制造业与生产性服务业动态协调发展实证研究 [J]．经济研究，2018，53 (3)．

[66] 唐晓华，张欣钰，李阳．制造业与生产性服务业协同发展对制造效率影响的差异性研究 [J]．数量经济技术经济研究，2018，35 (3)．

[67] 陶长琪，周璇．产业融合下的产业结构优化升级效应分析——基于信息产业与制造业耦联的实证研究 [J]．产业经济研究，2015 (3)．

[68] 汪芳，潘毛毛．产业融合，绩效提升与制造业成长——基于1998 ~ 2011 年面板数据的实证 [J]．科学学研究，2015，33 (4)．

[69] 王成东，蔡渊渊．全球价值链下产业研发三阶段效率研究：以中国装备制造业为例 [J]．中国软科学，2020 (3)．

[70] 王成东，朱显宇，蔡渊渊，等．GVC 嵌入、产业 R&D 效率与提升策略研究 [J]．科学学研究，2020，38 (9)．

[71] 王春芝，Heiko Gebauer，高强．服务型装备制造价值生成机制及战略转型路径研究 [J]．科技管理研究，2016，36 (5)．

[72] 王大澳，菅利荣，王慧，等．基于限制合作博弈的产业集群企业利益分配研究 [J]．中国管理科学，2019，27 (4)．

[73] 王思梦，邵云飞，李成刚，等．基于 SEM 的产业联盟政策治理对

创新能力的影响 [J]. 系统工程, 2017, 35 (11).

[74] 王小波. 生产性服务业和制造业融合发展水平解构——基于行业差异比较视角 [J]. 求索, 2016, 36 (12).

[75] 王晓晓, 杨丽. 生产性创意服务与制造业融合的产业升级效应分析——对整体和分行业的中介效应检验 [J]. 产经评论, 2019, 10 (3).

[76] 王正新, 孙爱晶, 邱风. 中国生产性服务业与先进制造业的互动关系——基于 Lotka-Volterra 模型的实证分析 [J]. 华东经济管理, 2017, 31 (7).

[77] 吴松强, 蔡婷婷, 苏思骐. 联盟间伙伴关系对联盟绩效的影响研究 [J]. 科学学研究, 2018, 36 (12).

[78] 吴艳, 贺正楚. 新能源汽车与生产服务的产业融合路径及其影响因素 [J]. 系统工程, 2016, 34 (6).

[79] 武建龙, 王野, 王志浩, 等. 产业联盟创新生态系统演进机理研究——以 TD 产业联盟为例 [J]. 情报杂志, 2017, 36 (11).

[80] 肖挺, 刘华, 叶芃. 制造业企业服务创新的影响因素研究 [J]. 管理学报, 2014, 11 (4).

[81] 解学梅, 孙科杰. 产业技术创新战略联盟长效合作机制: 基于 144 家联盟的实证研究 [J]. 系统管理学报, 2018, 27 (3).

[82] 辛馨. 基于博弈论的虚拟企业稳定性分析 [J]. 技术经济与管理研究, 2016 (11).

[83] 徐建伟. 推进产业深度融合发展增强装备制造业核心竞争力 [J]. 宏观经济管理, 2019 (11).

[84] 颜醒华, 李勇泉. 农业与旅游业高层次的融合与良性互动 [J]. 软科学, 2004, 18 (4).

[85] 杨伟, 周青, 方刚. 产业联盟的组织复杂度、牵头单位类型与合作创新率 [J]. 科学学研究, 2015, 33 (5).

[86] 姚升保. 产业技术创新联盟伙伴选择的模糊组合决策方法 [J]. 科技管理研究, 2017, 37 (1).

[87] 尤建新, 蔡文珺, 尤筱玥. 基于质量改善视角的业务流程优化研究 [J]. 工业工程与管理, 2017, 22 (6).

[88] 余泳泽, 刘大勇, 宣烨. 生产性服务业集聚对制造业生产效率的外溢效应及其衰减边界——基于空间计量模型的实证分析 [J]. 金融研究,

2016，59（2）.

　　［89］袁华，刘耘，钱宇，等．基于合作网络的虚拟企业伙伴选择研究［J］．管理工程学报，2016，30（1）.

　　［90］张保仓，任浩．虚拟组织持续创新：内涵、本质与机理［J］．科技进步与对策，2017，34（2）.

　　［91］张保仓，任浩．虚拟组织持续创新能力提升机理的实证研究［J］．经济管理，2018，40（10）.

　　［92］张荣光，高宇星，杨劢．基于 Logistic 模型的产业融合动态分析——以四川省第一、三产业为例［J］．经济经纬，2016，33（4）.

　　［93］张天瑞，刘彬，戴瑶，等．面向产品生命周期的虚拟企业综合决策研究［J］．工业工程与管理，2019，24（2）.

　　［94］张裕稳，陈万明，吴洁，等．基于行为视角的联盟合作伙伴选择［J］．系统工程，2018，36（6）.

　　［95］赵超，王铁男．伙伴年龄非对称性对企业战略联盟价值的影响［J］．管理评论，2019，31（11）.

　　［96］赵金辉，王学慧，周玉．需求驱动的虚拟企业合作伙伴选择［J］．控制与决策，2019，34（12）.

　　［97］赵伟，韩文秀，罗永泰．面向虚拟企业的组织框架设计［J］．管理工程学报，2000，14（1）.

　　［98］赵艳萍，王远．虚拟经营导向对组织绩效的影响：虚拟企业中介作用［J］．经济与管理评论，2015（4）.

　　［99］赵玉林，李丫丫．技术融合、竞争协同与新兴产业绩效提升——基于全球生物芯片产业的实证研究［J］．科研管理，2017，38（8）.

　　［100］赵玉林，裴承晨．技术创新、产业融合与制造业转型升级［J］．科技进步与对策，2019，36（11）.

　　［101］植草益．信息通讯业的产业融合［J］．中国工业经济，2001，19（2）.

　　［102］周振华．产业融合拓展化：主导因素及基础条件分析（上）［J］．社会科学，2003，25（3）.

　　［103］朱华友．新经济地理学经济活动空间集聚的机制过程及其意义［J］．经济地理，2005，25（6）.

　　［104］Baines T S，Lightfoot H W，Benedettini O，et al. The servitization of manufacturing: A review of literature and reflection on future challenges [J]. Journal of Manufacturing Technology Management, 2013, 20 (5): 547 –567.

[105] Borés C, Saurina C, Torres R. Technological convergence: A strategic perspective [J]. Technovation, 2003, 23 (1): 1 –13.

[106] Brand S, Crandall R E. The media lab: Inventing the future at M. I. T. [J]. Computers in Physics, 1998, 2 (1): 239 –256.

[107] Cainelli G, Mazzanti M. Environmental innovations in service: Manufacturing-service integrations and policy transmission [J]. Research Policy, 2013, 42 (9): 1595 –1604.

[108] Chang D. Applications of the extent analysis method on fuzzy AHP [J]. European Journal of Operational Research, 1996, 95 (3): 649 –655.

[109] Choi J, Lee S, Sawng Y W. The dynamics of industry convergence in the automotive industry: A technological perspective analysis using patent data [J]. Journal of Scientific & Industrial Research, 2019, 78 (11): 760 –765.

[110] Curran C S, Leker J. Patent indicators for monitoring convergence examples from NFF and ICT [J]. Technological Forecasting & Social Change, 2011, 78 (2): 256 –273.

[111] Dyer J H. How to make strategic alliances work? [J]. Sloan Management Review, 2001, 42 (4): 37 –43.

[112] Fai F, Tunzelmann N V. Industry-specific competencies and converging technological systems: Evidence from patents [J]. Structural Change & Economic Dynamics, 2001, 12 (2): 141 –170.

[113] Gaines B R. The learning curves underlying convergence [J]. Technological Forecasting & Social Change, 1998, 57 (1 –2): 7 –34.

[114] Garland S B, Reinhardt A. Making antitrust fit high tech [J]. Business Week, 1999 (3621): 34 –36.

[115] Geringer M J. Strategic determinants of partner selection criteria in international joint ventures [J]. Journal of International Business Studies, 1991, 22 (1): 41 –62.

[116] Greenstein S, Khanna T. What does industry convergence mean? [J]. Competing in an Age of Digital Convergence, 1997: 201 –226.

[117] Guardiola L A, Timmer M A. Cooperation and profit allocation indus-

trialization chains [J]. Decision Support Systems, 2007, 44 (1): 17 –27.

[118] Guerrieri P, Meliciani V. Technology and international competitiveness: The interdependence between manufacturing and producer services [J]. Structural Change & Economic Dynamics, 2005, 16 (4) 489 –502.

[119] Hacklin F, Adamsson N, Marxt C, et al. Design for convergence: Managing technological partnerships and competencies across and within industries [C]. Australia: Engineers Australia, 2005.

[120] Hall W. Sair group seeks promotion in global aviation league [J]. Financial Times, 1999, 6 (28): 20.

[121] Heo P S, Lee D H. Evolution patterns and network structural characteristics of industry convergence [J]. Structural Change And Economic Dynamics, 2019, 51 (12): 405 –426.

[122] Herbert G G, Michael A W. Service industry growth: Cause and effects [M]. Canada: Fraser Institute, 2003.

[123] Ingram P, Baum J A C. Opportunity and constraint: Orence of industries [J]. Strategic Management Journal, 1997, 18 (Special Summer Issue): 75 –98.

[124] Juleff L E. Advanced producer services: Just a service to manufacturing [J]. The Service Industries Journal, 1996, 16 (3): 389 –400.

[125] Kiho K, Wonjoon K. Effect of service integration strategy on industrial firm performance [J]. Journal of Service Management, 2016, 27 (3): 391 –430.

[126] Lei D T. Industry evolution and competence development: The imperatives of technological convergence [J]. International Journal of Technology Management, 2000, 19 (7/8): 699 –738.

[127] Leiponen A. The benefits of R&D and breadth in innovation strategies: A comparison of finnish service and manufacturing firms [J]. Industrial and Corporate Change, 2012, 21 (5): 1255 –1281.

[128] Lewis H F, Sexton T R. Network DEA: Efficiency analysis of organizations with complex internal structure [J]. Computers & Operations Research, 2004, 31 (9): 1365 –1410.

[129] Lin F J, Lin Y H. The determinants of successful R&D consortia:

Government strategy for the servitization of manufacturing [J]. Service Business, 2012, 6 (4): 489 – 502.

[130] Lind J. Convergence: History of term usage and lessons for firm strategists [C] // 2004: 1 – 14.

[131] Lundvall B. The globalizing learning economy: Implications for innovation policy [J]. Report from Dg XII Commission of the European, 1997.

[132] Malhotra A. Firm strategy in converging industries: An investigation of U. S. commercial bank responses to U. S. commercial-investment banking convergence [D]. University of Maryland: College Park. 2001.

[133] Mcgrath R G. Falling forward: Real options reasoning and entrepreneurial failure [J]. Academy of Management Review, 1999 (24): 13 – 30.

[134] Michel R. The do's and don'ts of strategic alliances [J]. Journal of Business Strategy, 1992, 13 (2): 50 – 53.

[135] Mueller M L, Tan Z. China in the information age: Telecommunications and the dilemmas of reform [J]. 1997, 76 (3): 146.

[136] Nicolas B. Deriving managerial implications from technological convergence along the innovation process: A case study on the telecommunications industry [R]. Alaska: Swiss Federal Institute of Technology, 2005.

[137] Opricovic S. Fuzzy VIKOR with an application to water resources planning [J]. Expert Systems with Applications, 2011, 38 (10): 12983 – 12990.

[138] Park S H, Ungson G R. The organizational complementarity, and effect of national culture economic motivation on joint venture dissolution [J]. Academy of Management Journal, 1997 (40): 297 – 307.

[139] Pingfeng L, Bijan R, Morad B. Knowledge sharing in dynamic virtual enterprises: A socio-technological perspective [J]. Knowledge-Based Systems, 2010, 24 (3): 427 – 443.

[140] Rackman N, Friedman L, Ruff R. Getting partnering right: How market leaders are creating long-term competitive advantage [M]. New York: Mc Graw Hill, 1996.

[141] Rawlins J M, Lange W J D, Fraser G C G. An ecosystem service value chain analysis framework: A conceptual paper [J]. Ecological Economics,

2018，147：84 – 95.

［142］ Rosenberg N. Technological change in the machine tool industry，1840 – 1910 ［J］. The Journal of Economic History，1963，23 （4）：414 – 443.

［143］ Runhui L，Hongjuan Z，Jianhong F，et al. Alliance network and innovation：Evidence from China's third generation mobile communications industry ［J］. Journal of Asia Business Studies，2012，6 （2）：197 – 222.

［144］ Shane S A. Hybrid organizational arrangements and their implications for firm growth and survival：a study of new franchisers ［J］. Academy of Management Journal，1996 （39）：216 – 234.

［145］ Sick N，Preschitschek N，Leker J，et al. A new framework to assess industry convergence in high technology environments ［J］. Technovation，2019，84 – 85：48 – 58.

［146］ Simonian M J，Brand D，Mason M A，et al. A systematic review of research evaluating the use of preference assessment methodology in the workplace ［J］. Journal of Organizational Behavior Management，2020，40 （1）.

［147］ Stieglitz N. Digital dynamics and types of industry convergence：The evolution of the handheld computers market ［J］. Social Science Electronic Publishing，2007.

［148］ Stuart T E. Network positions and propensities to collaborate：An investigation of strategic alliance formation in a high-technology industry ［J］. Administrative Science，1998，43 （4）：668.

［149］ Stull M. Industrial policy and the American renewal ［J］. Journal of Economic Cooperation and Development，1996 （11）：21 – 31.

［150］ Tomas V J，Sharma S，Sudhir K J. Using patents and publications to assess R&D efficiency in the states of the USA ［J］. World Patent Information，2011，33 （1）：4 – 10.

［151］ Tunzelmann F N V. Industry-specific competencies and converging technological systems：Evidence from patents ［J］. Structural Change and Economic Dynamics，2001.

［152］ Ulaga W，Reinartz J. Hybrid offerings：How manufacturing firms combine goods and services successfully ［J］. Journal of Marketing，2011，75 （6）：5 – 23.

［153］ Van L，Pedrycz W. A fuzzy extension of saaty's priority theory ［J］. Fuzzy Sets and Systems，1983（11）：229 –241.

［154］ Visnjic K，Van L. Servitization：Disentangling the impact of service business model innovation on manufacturing firm performance ［J］. Journal of Operations Management，2013，31（4）：169 –180.

［155］ William J S，Janice F M. Post-industrial Philadelphia：Structural changes in the metropolitan economy ［M］. Philadelphia：University of Pennsylvania，1990.

［156］ Xing W，Ye X，Kui L. Measuring convergence of China's ICT industry：An input-output analysis ［J］. Telecommunications Policy，2011，35（4）：301 –313.

［157］ Ying W，Zhi B W. The study on organizational change and efficiency based on virtual manufacturing ［J］. Applied Mechanics and Materials，2010（34）：1512 –1515.

［158］ Yuan Y，Wang F Y，Zeng D. Developing a cooperative bidding framework for sponsored search market-An evolutionary perspective ［J］. Information Sciences，2016（369）：674 –689.